TABLES

DRESSÉES PAR M. AUG. PROST

DES

MORCEAUX ACCESSOIRES, DOCUMENTS ET TITRES

CONTENUS DANS LES DEUX ÉDITIONS

DE

L'HISTOIRE DE LORRAINE

PAR

DOM CALMET

PARIS

LIBRAIRIE DE LA SOCIÉTÉ BIBLIOGRAPHIQUE

35, RUE DE GRENELLE, 35

—

1877

N.B. Voir tonole 2 pers ?.

ÉCOLE

TABLES

DES MORCEAUX ACCESSOIRES, DOCUMENTS ET TITRES

DE L'HISTOIRE DE LORRAINE

EXTRAIT DU *POLYBIBLION*

REVUE BIBLIOGRAPHIQUE UNIVERSE LL

TABLES

DRESSÉES PAR M. AUG. PROST

DES

MORCEAUX ACCESSOIRES, DOCUMENTS ET TITRES

CONTENUS DANS LES DEUX ÉDITIONS

DE

L'HISTOIRE DE LORRAINE

PAR

DOM CALMET

PARIS

LIBRAIRIE DE LA SOCIÉTÉ BIBLIOGRAPHIQUE

35, RUE DE GRENELLE, 35

—

1877

TABLES

Dom Calmet a donné deux éditions de son *Histoire de Lorraine*, la première en 3 volumes in-folio, en 1728; la seconde en 7 volumes in-folio, en 1745-1757. A ces publications l'auteur a joint, en préliminaires et en appendices au commencement et à la fin des volumes, des pièces détachées de différentes sortes, savoir : 1°, dans les préliminaires, des *morceaux accessoires*, dissertations, généalogies, catalogues d'abbés, d'abbesses, etc., des planches, cartes et plans ; 2°, dans les appendices, des preuves comprenant des *documents*, chroniques, mémoires, relations, notices, etc., et des *titres*, lettres et diplômes.

Toutes ces pièces ont beaucoup d'intérêt pour ceux qui étudient l'histoire de la Lorraine et des pays voisins; mais la manière dont elles sont distribuées dans les deux éditions ne permet que difficilement d'y recourir. Elles n'y sont, en effet, rangées dans aucun ordre, ni chronologique, ni méthodique ; et, de plus, elles y sont réparties de telle sorte qu'une portion d'entre elles seulement se trouve dans les deux éditions; près de la moitié n'existant que dans l'une des deux, soit dans la première soit dans la seconde, à l'exclusion de l'autre. Ajoutons que quelques pièces sont, par inadvertance données deux fois dans la même édition.

Le nombre total de ces pièces est de 1,399, dont 784 communes aux deux éditions, 334 qui ne se trouvent que dans la première, et 281 qui appartiennent exclusivement à la seconde.

Ces 1,399 pièces consistent en 268 morceaux accessoires, 68 documents et 1,063 titres.

Les 784 pièces communes aux deux éditions comprennent 138 morceaux accessoires, 42 documents et 604 titres.

Les 334 pièces particulières à la première édition comprennent 2 morceaux accessoires, 4 documents et 328 titres.

Les 281 pièces particulières à la seconde édition comprennent 128 morceaux accessoires, 22 documents et 131 titres.

M. Noël, de Nancy, a publié en 1851, dans le tome I⁰ʳ du *Catalogue raisonné* de ses collections (page 26 à 101), une table des pièces contenues dans les deux éditions de l'histoire de Lorraine de Dom Calmet. Mais il se borne à les indiquer dans l'ordre où les donne l'ouvrage original, et, reproduisant ainsi dans sa table le défaut d'arrangement que nous venons de signaler, il ne remédie nullement par son travail aux difficultés qui en résultent pour les recherches (a). C'est pour obvier à cet inconvénient que nous avons dressé les tables données ici au public :

(a) A ces observations il est juste d'ajouter qu'on trouve, sur un point particulier dans le travail de M. Noël, des renseignements intéressants fournis par l'examen d'un

I. Table alphabétique des 268 *Morceaux accessoires* (dissertations, généalogies, catalogues d'abbés, d'abbesses, etc., planches, cartes et plans) donnés en préliminaires dans les deux éditions, au commencement des volumes.

II. Table alphabétique des 68 *Documents* (chroniques, mémoires, relations, notices, etc.) imprimés en appendices, parmi les preuves, dans les deux éditions, à la fin des volumes.

III. Table chronologique des 1063 *Titres* (lettres et diplômes) donnés comme preuves, en appendices, à la fin des volumes, dans les deux éditions.

AUG. PROST.

exemplaire non cartonné de la 1re édition de l'Histoire de Lorraine de Dom Calmet. Ainsi sont signalées 16 pièces supprimées dans cette 1re édition et qui ne figurent plus ni dans les exemplaires qu'on en possède ordinairement, ni dans la 2e édition ; et 4 autres pièces supprimées également dans la 1re édition, mais rendues dans la 2e édition.

Voici les 16 pièces supprimées qui ne se trouvent plus dans aucune des deux éditions :

T. I, 385.	974.	Otto II, Emp.	p. Saint-Dié abb. (priviléges).
Id.	s. d.	Leorardus chorévêque de Toul.	p. Saint-Evre de Toul abb. (donation).
T. II, 406.	119	Simon II, duc de Lorr.	p. Remiremont abb. (accord).
Id. 428.	1219.	Le Seigneur de Gondrecourt.	au Seigneur de Rinelle (reprises).
Id. 432.	1222.	Le Seigneur de Gondrecourt.	à Mathieu II, duc de Lorraine (reprises de Gondrecourt).
Id. 428.	1258.	Le Seigneur de Gondrecourt.	à Thiéb. II, comte de Bar (promesse de ne pas aliéner Gondrecourt sans son consentement).
Id. 429.	1272.	Henri roi de Navarre, comte de Champagne.	à Thiéb. II, comte de Bar (inféodation de Gondrecourt, etc).
Id. 537.	1293.	Délivrance de prisonniers faits entre Bitche et Stulzelbronn.	
Id.	id.	Jeannas de Toul.	Quittance de ses dommages à la bataille donnée entre Dommartin et Toul.
Id.	1294.	Arrêt contre Thiéb. II, comte de Bar.	p. Beaulieu abb. (réparation des dommages faits en 1286-1288).
Id.	id.	Henri, fils du comte de Bar.	p. Éléonore d'Angleterre, sa femme (douaire).
Id.	id.	Jean, fils du comte de Bar.	p. Éléonore d'Anglet. (garantie des promesses de Henri, son frère, pour son mariage).
Id. 551.	1299.	Albert, roi des Romains.	p. Remiremont abb. (confirmation de priviléges).
T. III. 408.	1545.	François Ier, roi de France.	p. Stenay (annulation de la cession faite par Ant. duc de Lorraine en 1541).
Id. 439.	1573.	Charles IX, roi de France.	p. la Lorraine (déclaration touchant le concordat de 1571, avec le duc Charles III).
Id. 444.	1578.	Henri III, roi de France.	p. le Barrois (déclaration touchant les exécutions judiciaires).

Les 4 pièces supprimées dans la 1re édition, comme les précédentes, mais rendues dans les preuves de la seconde, se trouvent indiquées dans notre table III, aux dates de 1051 (saint Léon IX, p. Saint-Dié, t. II, p. 295), 1051 (saint Léon IX, p. Toul, t. II, p. 298), 1132 (Simon Ier, duc de Lorraine, p. Saint-Dié, t. V. p. 182), 1662 (traité de cession de la Lorraine à la France, après la mort du duc, t. VII, p. 268).

I

TABLE ALPHABÉTIQUE DES MORCEAUX ACCESSOIRES
DONNÉS, EN PRÉLIMINAIRES, AU COMMENCEMENT DES VOLUMES (a).

(a) A ces morceaux imprimés dans les préliminaires, nous en avons réuni quelques-uns de caractère analogue qui se trouvent reproduits en appendices parmi les preuves, à la fin des volumes, comme l'indique la présente table par les lettres *app.* qui accompagnent quelques notations de pagination.

N. B. — Les préliminaires imprimés pour le tome VI se trouvent généralement reliés avec le tome VII.

— 12 —

II

TABLE ALPHABÉTIQUE DES DOCUMENTS
DONNÉS PARMI LES PREUVES, A LA FIN DES VOLUMES (a).

(a) A ces documents imprimés parmi les preuves, à la fin des volumes, nous en avons réuni quelques-uns de même nature qui se trouvent dans les préliminaires comme l'indiquent à la présente table les lettres *prél.* qui accompagnent quelques notations de pagination.

III

TABLE CHRONOLOGIQUE DES TITRES
DONNÉS DANS LES PREUVES, A LA FIN DES VOLUMES.

1ᵉ édit.	2ᵉ édit.			

I 280. II 104. 764.Pépin, roi.   p. St-Maximin de Trèves, abb.

I 281. II 104. 765.   id.   p. id.

I 281. II 105. 765.Grodegang, év. de Metz.   p. Gorze, abb.

I 283. II 107. v.768.Charlemagne.   p. id.

35. I 284. II 108. 769.   id.   p. Saint-Dié, abb.

I 285. II 109. 770.Angelram, év. de Metz.   p. Gorze, abb. — don de Faux et Jouy.

I 288. II 113. 770.   id.   p. Gorze, abb.— don de Warangéville.

I 286. II 110. 775.Charlemagne.   p. Prum, abb.

I 287. II 111. 776.Assuerus, abbé.   p. Prum, abb. — don de Caciac.

40. I 287. II 112. 777.Charlemagne.   p. Salone, prieuré.

I 290. II 115. 782.   id.   p. St-Pierre – aux – nonains de Metz, abb.

I 291. II 116. 783.   id.   p. St-Arnould de Metz, abb. — don de Cheminot.

I 292. II 117. 783.Hildegarde, reine.   p. St-Arnould de Metz, abb. don de Bouxières.

I 292. II 118. 787.Angelram, év. de Metz.   p. Saint-Avold, abb.

45. I 293. II 119. 790.Charlemagne.   p. Prum, abb. — don de Longane, etc.

I 294. II 120. v.790.   id.   p. Epternach, abb.

I 295. II 120. 790.   id.   p. St-Max. de Trèv., abb.

I 296. II 121. 807.   id.   p. id.

I 296. II 122. 815(816).Louis le Débon., emp.   p. Saint-Mihiel, abb. — immunité.

50. — II 123. 815.   id.   p. Saint-Mihiel, abb. — don de Salone.

I 297. II 123. 815 (816). id.   p. Saint-Mihiel, abb. — les bénéficiaires.

I 298. II 124. 815.   id.   p. Gorze, abb.

I 299. II 125. 821.   id.   p. St-Max. de Trèv., abb.

I 299. II 126. 826.Louis et Lothaire, rois.   p. Senones, abb. et Richbodo, abbé.

55. I 300. { I 111. / II 128. } 836.Louis le Débon., emp.   p. Longeville-lès-Saint-Avold, abb.

I 301. II 129. 836.Frotaire, év. de Toul.   p. St-Evre de Toul, abb.

I 484. II 126. 838.   id.   p. id.

I 303. II 131. 840.Lothaire, emp.   p. Saint-Denis, abb. — restitution de Saint-Mihiel, abb.

— II 132. v.844.Sergius II, pape.   p. Drogo, év. de Metz.

60. — I 103. 845.Charles le Chauve, roi.   p. Alaon, abb.

— II 133. 845.Lothaire, emp.   p. St-Evre de Toul, abb.

I 304. II 134. 846.Charles le Chauve, roi.   p. Saint-Mihiel, abb. — immunité.

I 306. II 136. 855.Lothaire, emp.   p. Prum, abb.

2

1ʳᵉ édit.   2ᵉ édit.

	I 305. II 135. 858.Lothaire, roi.		p. Toul, égl. — restitᵒⁿ. de St-Evre de Toul, abb.
65.	II 287. V 126. 859. (donné sous 1129) Lothaire, roi.		p. Achery, prieuré.
	I 307. II 137. 863.Advence, év. de Metz.		p. Gorze, abb.
	I 309. II 139. 868.Lothaire, roi.		p St-Maximin de Trèves, abb.
	I 309. II 140. 869.Charles le Chauve, roi.		p. St-Arnould de Metz, abb. — don de Jussy.
	I 310. II 140. 870.Charles le Chauve et Louis. le Germ.		Partage.
70.	I 312. II 143. 875.Louis, roi.		p. Longeville-lès-Saint-Avold, abb.
	I 313. II 144. 878.Louis le Bègue, roi.		p. Toul, égl.
	I 314. II 145. 878.Louis, roi.		p. Prum, abb.
	I 315. II 147. 878.Louis le Bègue, roi.		p. St-Evre de Toul,abb.
	I 316. II 148. 884? Richarde, impᶜᵉ.		p Etival, abb.
75.	I 317. II 149. 884.Charles le Gros. emp.		p. St-Evre de Toul,abb.
	I 319. II 152. 884. id.		p. id. — don de trois métairies.
	— II 144. ap. 886. Regnier, duc.		p. St-Dagobert de Stenay, prieuré.
	I 320. II 152. 888. Arnould, roi.		p. St-Maximin de Trèv., abb.
	I 321. II 153. 889. id.		p. St-Arnould de Metz, abb.
80.	I 321. II 154. 889. id.		p. Trèves,égl.—restitᵒⁿ. de St-Servais, abb.
	I 322. II 155. 890. id.		p. St-Evre de Toul,abb.
	— II 156. 891. id.		p. Chiemsée, abb. etLuxeuil, abb.
	I 323. II 156. 891. id.		p. Prum, abb. — élection de l'abbé.
	I 323. II 157. 893. id.		p. Toul, égl. — restitution de St-Evre, abb. et de St-Germain, abb.
85.	I 324. II 158. 893. id.		p. St-Maximin de Trèves, abb.
	I 325. II 159. 894. id.		p. Toul, égl. — priviléges.
	I 325. II 160. 895. Zwentibold, roi.		p. St-Mihiel, abb. — confirmation de Bussières, etc.
	I 326. II 161. 895. id.		p. Prum, abb. — confirmation de Svestre.
	I 327. II 162. 896. id.		p. St-Denis, abb. — restitution de Salone.
90.	I 328. II 163. 897. id.		p. St-Maximin de Trèves, abb.

	1re édit.	2e édit.		
	I 328.	II 164.	898. Zwentibold, roi.	p. Prum, abb.— don de la monnaie et du péage.
	I 329.	II 164.	898. id.	p. St-Evre de Toul, abb.
	I 329.	II 165.	898. id.	p. Trèves, égl.-restitutᵒⁿ de St-Servais, abb.
	I 330.	II 165.	898. Ludelme, év. de Toul.	p. Toul, chapitre.
95.	I 331.	II 166.	900. Louis IV, roi de Germ.	p. St-Evre de Toul, abb.
	I 331.	II 167.	904. id.	p. Vieux-Moutier, abb.
	I 332.	II 168.	906. id.	p. Ludelme, évêq. de Toul.
	I 333.	II 168.	910. Richilde, reine.	p. Gorze, abb.
	I 334.	II 170.	912. Charles le Simple, roi.	p. Bon-Moutier, abb.
100.	I 335.	II 171.	912. id.	p. Toul, égl.
	I 335.	II 172.	922. id.	p. id. — confirm. de privilèges.
	I 337.	II 174.	926. Giselbert, comte.	et St-Maximin de Trèves, abb. — échange.
	—	II 173.	926. Franco, Nortpold, Humbert,	et id. id.
	I 337.	II 175.	926 ou 927. Bennon, évêq. de Metz.	p. St-Arnould de Metz, abb.
105.	I 338.	II 176.	933. Adalbero Iᵉʳ, év. de Metz.	p. Gorze, abb.
	I 345.	II 183 / V 127	v. 934. Gisla, abbesse de Remiremont.	p. Alzey.
	I 340.	II 178.	935. Gauzelin, év. de Toul.	p. Bouxières-aux-Dames, abb. — fondᵒⁿ.
	I 342.	II 181.	936. id.	p. St-Evre de Toul, abb.
	I 345.	II 184.	940. Otto Iᵉʳ, roi.	p. St-Maximin de Trèves, abb.
110.	I 346.	II 185.	v. 940 ou 948? Adalbero Iᵉʳ, év. de Metz.	p. St-Arnould de Metz, abb.
	I 348.	II 187.	941. Gauzelin, év. de Toul.	p. St-Evre de Toul, abb. — égl. de Colombey.
	I 349.	II 188.	942. Adalbero Iᵉʳ, év. de Metz.	p. St-Arnould de Metz, abb. — moines substitués aux chanoines.
	I 350.	II 190.	942. Etienne VIII, pape.	p. Bouxières-aux-Dames, abb.
	I 351.	II 191.	945. Otto Iᵉʳ, roi.	p. Trèves, égl. — restitᵒⁿ de St-Servais, abb.
115.	I 359.	II 200.	945. Adalbero Iᵉʳ, év. de Metz.	p. Sᵗᵉ-Glossinde de Metz, abb.—rétablissement.
	I 352.	II 192.	948. Otto Iᵉʳ, roi.	p. St-Evre de Toul, abb.
	I 354.	II 194.	949. id.	p. St-Maximin de Trèves, abb. — sentence.
	I 354.	II 195.	949. id.	p. Senones, abb.
	I 355.	II 196.	950. Agapet, pape.	p. St-Maximin de Trèves, abb.
120	I 356.	II 196.	950. Eve, comtesse.	p. St-Arnould, de Metz, abb. — don de Lay.
	I 357.	II 198.	950. id.	p. id. id.

1re édit.	2e édit.		
—	II 203.	950 (ou 945?) (ou 960?) Gérard, abbé de St-Martin de Metz.	p. les serfs de son abb.
I 361.	II 203.	952.Otto Ier, roi.	p. St-Vanne de Verdun, abb.
I 541.	III 78.	952.Bérenger, év. de Verdun.	p. id.
125. I 362.	II 205.	956.Otto Ier, roi.	p. St-Maximin de Trèves, abb.
I 363.	—	957 (ou 933) (ou 948). Lothaire, roi.	p. Toul, égl.—restit. de St-Evre, abb.
I 364.	II 206.	957.Arnould, serviteur de Dieu.	p. St-Evre de Toul, abb. . — don de Bainville.
I 365.	II 207.	958.Udalric, fils de Eve, comtesse.	p. St-Arnould de Metz, abb. — confirm^{on}. de Lay.
I 367.	II 209.	960.Otto Ier, roi.	p. St-Pierre-aux-non. de Metz, abb.—confirm^{on} de la réforme.
130. —	II 210.	960.Hildebondis, comtesse.	p. Amelle,pr^{rè}—fond^{on}.
I 368.	II 211.	962.Otto Ier, emp.	p. St-Maximin de Trèves, abb.
I 369.	II 212.	962.Jean XII, pape.	p. St-Vanne de Verdun, abb.
I 371.	II 214.	963.Bruno, archev.	p. St-Maximin de Trèves, abb. — échange avec S.Cte de Luxembourg.
I 372.	II 215.	965.Otto Ier, emp.	p. Bouxières-aux-Dames, abb.
135. I 373.	II 216.	965. id.	p. St-Mansuy de Toul, abb.
I 374.	II 218.	965. id.	p. St-Evre de Toul, abb.
I 377.	II 220.	966 Frédéric Ier, duc de Lorr.	p. Bouxières-aux-Dames, abb. — jugement.
I 378.	II 221.	966.Sigeric, comte.	p. Vergaville,abb.-fond.
I 379.	II 223.	967.Jean XIII, pape.	p. St-Maximin de Trèves, abb.
140. I 380.	II 224.	968.Gérard, évêque de Toul.	p. Toul, chapitre.
I 381.	II 225.	968. id.	p. Bouxières-aux-Dames, abb. — don de Pompey., etc.
I 382.	II 227.	968.Otto Ier, emp.	p. Metz, égl. — don de Vaussor, abb., uni à Hastières, abb.
I 382.	II 226.	Xe siècle. Odelric, serviteur de Dieu.	p. Bouxières-aux-Dames, abb.
I 383.	II 228.	971.Gérard, évêque de Toul.	p. St-Michel, près Toul, égl.
145. —	II 230.	v. 973.Vilgfride,év. de Verdun	p. St-Paul de Verdun, abb. — fond^{on}
—	II 232.	v.973.Otto II, emp.	id. id.
I 385.	II 233.	979.Egbert,archev. de Trèves.	p. St-Mathias de Trèves, abb. — don de Long-Sure.

1re édit.	2e édit.		

I 387. II 235. 982.Gérard, évêque de Toul. p. St-Mansuy de Toul, abb.

I 389. II 237. 982. id. p. id.

150. — II 240. 982.Otto II, emp. p. Gorze, abb.— don de Morlange.

I 392. II 241. 983. id. p. St-Vincent de Metz, abb. — fond[on]

I 392. II 242. 986.Gérard, évêque de Toul. p. St-Mansuy de Toul, abb.—don d'Andelier.

I 393. II 243. 988. id. p. St-Michel près Toul, égl. —don de Gozlini-court.

I 396. II 246. 991.Odacer, comte. p. Longeville - lès - St-Avold, abb.

155. I 396. II 247. 992.Otto III, roi. p. St - Symphorien de Metz, abb.

I 397. II 248. 996.Volcmar, abbé. p. St-Maximin de Trèves, abb.

I 398. II 249. v. 1000. Otto III, emp. p. St-Maximin de Trèves, abb.— don de monnaie et marché à Billich.

I 386. II 234. 1000.Otto III, emp. (conf. par Fréd. emp.) p. Honcourt au Val-de-Viller, abb. — fond[on].

I 564. III 105. 1003.Henri II, roi. p. Épinal, abb.

160. I 398. II 249. 1015.Henri II, emp. p. St-Vanne de Verdun, abb.

— II 316. 1020.Gérard, comte de Metz. p. Fructuaire, abb. en Piémont.

— II 316. 1020. id. id. p. St-Bénigne de Dijon, abb. — échange.

I 399. II 250. 1022.Mémorial. p. St-Maxe de Bar, collég[le] — fond[on].

I 400. II 252. 1024(1025). Conrad II, roi. (Clouet, H. de Verdun, II, 26, 45, 46, notes.) p. la Madeleine de Verdun, abb.

165. I 401. II 253. 1026.Conrad II, roi. p. St-Maximin de Trèves, abb.

I 402. II 254. 1027.Conrad II, emp. p. Bouxières - aux - Dames, abb.

I 403. II 255. 1028. id. p. Dieulouard, collég[le].

I 403. II 256. 1030.Jutta, duchesse de Lorr. p. St-Mathias de Trèves, abb.

I 406. II 259. v. 1030.Bruno, évêque de Toul. p. St-Evre de Toul, abb. — rétablissement.

170. I 408. II 261. 1033.Conrad II, emp. p. St-Evre de Toul, abb.

I 410. II 263. 1033.Gérard, comte, fils d'A-dalbert. p. St-Bénigne de Dijon, abb.

I 412. II 266. 1034.Godefroy et Herman, c[tes] p. St-Remy de Lunéville, abb.

I 413. II 267. 1034.Bruno, évêque de Toul. p. St-Evre de Toul, abb.

1re édit.   2e édit.

I 414. II 268.v.1035.N. abbé de Saint-Martin   Échange.
           de Metz et P. abbé de
           Stavelo.

175. I 405. II 257. 1037.Adalbert,marchis(en Lor.). p.St-Mathias de Trèves. abb.

I 415. II 269. 1037.Adalbero,prév. de Saint- p. id. id.
           Paulin de Trèves.

I 417. II 271. 1044.Henri III, roi.   p. St-Airy de Verdun, abb.

I 417. II 272. 1043.Bruno, évêque de Toul. p. Deuilly, prré.
I 543. III 80. 1043 ou 1046? Mémorial. p. Bouzonville, abb. — fondation.

180. I 420. II 276. 1046 ou 1047? Thierry, évêque p. St-Maur de Verdun, de Verdun. abb.
I 421. II 277. 1047.   id.   p. la Madeleine de Verdun, abb.

I 422. II 278. 1049.Saint Léon IX, pape. p. Saint-Dié, abb.
I 423. II 279. 1049.   id.   p. la Madeleine de Verdun, abb.

I 424. II 280. 1049.   id.   p. St-Maur de Verdun, abb.

185. I 425. II 283. 1049.   id.   p. Ste-Croix en Alsace, abb.

I 442. II 305. 1049.   id.   p. St-Arnould de Metz, abb.

I 427. II 284. 1050.   id.   p. Bleurville, abb.
I 429. II 286. 1050.   id.   p.St-Mansuy deToul,abb.
I 430. II 287. 1050.   id.   p. Hesse, abb.
190. I 432. II 290. 1051.   id.   p. Poussay, abb. fondon.
I 434. II 292. 1051.   id.   p. St-Maximin de Trèves, abb.

I 435. II 293. 1051.   id.   p. Toul, chapitre.
 — II 295. 1051.   id.   p. Saint-Dié, abb.
 — II 298. 1051.   id.   p.Toul, égl.— confirmon du comté et des abbayes.

195. I 437. II 300. 1051.   id.   p. St-Vincent de Metz, abb.

I 440. II 304. 1051.Ermengardis. p. St-Dié, abb.
I 441. II 304. 1052.Saint Léon IX, pape. p. St-Airy de Verdun, abb.

I 444. II 308. 1052.Udo, évêq. de Toul. p. Bleurville, abb.
I 446. II 310. 1055.Henry III, emp.et Gode- p. Florines, abb. froy, duc.
200. I 447. II 311. 1055 ou 1056.Adalbero III, év. p. St-Symphorien de de Metz. Metz, abb. — don d'Equiniacum(Augny)

I 447. II 312. 1056.Henry III, emp p. St-Maximin de Trèves, abb. — don de monnaie et marché à Bislich.

1ʳᵉ édit.	2ᵉ édit.		

I 448. II 313. 1056.Henri III, emp.   p. St-Maximin de Trèves, abb., — droits des avoués.

I 451. II 317. 1060.Godefr., duc et marchis. p. Verdun, égl.—droits des avoués.

I 574. III 121. 1060.(Vidimus de 1453), Gobert p. Apremont, prʳᵉ. — (d'Apremont).   fondᵒⁿ.

205.   I 452. II 319. 1062.Actes du chapitre de . à Luxembourg. l'Ordre de St-Benoît.

I 452. II 322. 1065.Adalbero III, év. de Metz. p. St-Tron, abb.

I 453. II 323. 1065.Henry IV, roi.   p. St-Maximin de Trèves, abb.

I 454. II 324. 1065.Udo, évêque de Toul.   p. St-Gengoulf de Toul, égl.

I 458. II 329. 1065.Henry IV, roi.   p.   id.

210.   I 459. II 331. 1065.   id.   p. St-Maximin de Trèves, abb.—droits des avoués.

I 462. II 333. 1066.Alexandre II, pape.   p. la Madeleine de Verdun, abb.

I 463. II 334. 1067.Gérard, duc de Lorraine. p. Epternach, abb.

I 463. II 335. 1069.Udo, évêque de Toul.   p. St-Sauveur de Toul, abb., — fondᵒⁿ.

I 466. II 338. 1069.   id.   p. le comté de Toul.

215.   I 469. II 341. 1069.Godefr., duc (Clouet. II. p.St-Dagobert de Stenay, de Verdun, II, 81, not. 1.) prʳᵉ.

I 470. II 343. v.1070.Hadevidis, duchesse.   p. Châtenoy, prʳᵉ.

I 471. II 343. v.1070.Arnould, comte de Chiny.p. Chiny, prʳᵉ— fondᵒⁿ.

I 471. II 344. 1071.Frédéric, comte de Toul. p. St-Evre de Toul, abb.

I 472. II 345. 1072.Pibo, évêque de Toul. p.   id.

220.   I 474. II 347. 1073.Pibo, évêque de Toul et p. St-Arnould de Metz, Hériman, évêq. de Metz.   abb. et Bouxières, abb.

II 259. V 131. 1074.Manassès, archevêque de p. Morimond, abb. — Reims.   fondation.

II 406. III 27. v. 1075. Thierry II, duc de Lorr. p. N.-D. de Nancy, prʳᵉ érigé en abbaye.

I 475. II 348. 1076.Pibo, évêque de Toul. p. Laître-sous-Amance, prʳᵉ.

I 476. II 350. v. 1080. (de 1078 à 1093), So- p. St-Mihiel, abb. phie, comt de Bar.

225.   I 477. III. 5. v.1080. (de 1073 à 1090), Héri- p. St-Arnould de Metz, man, évêq. de Metz.   abb.

— III 28. 1080.Henry IV, roi.   p.Sigeb.cᵗᵉ,—Wadgasse,

— V 127., 1080.   id.   p.   id.

I 565. III 106. 1080 ou 1081.Grégoire VII, pape p. Épinal, abb.

I 479. III 7. 1082.Théodoric, év. de Verdun. p. St-Airy de Verdun, abb., — fondᵒⁿ.

230.   I 480. III 9. 1083.Conrad Iᵉʳ, comte de p. Ste-Marie (S. Pierre) Luxembourg.   de Luxembourg, abb. — fondᵒⁿ.

1ʳᵉédit. 2ᵉ édit.

I 481.	III 10.	1084.Henry IV, emp.	p. St-Arnould de Metz, abb. et St-Cunibert de Cologne, abb.
I 488.	III 11.	1085.Sophie, comtesse d'A-mance.	p. Ste-Glossinde de Metz, abb. — Laître sous Amance.
I 483.	III 12.	v. 1086.Victor II, pape.	p. Vergaville, abb.
I 483.	III 12.	v. 1086.Henri IV, emp.	p. Verdun, égl.
235. I 485.	III 13.	1089. id.	p.St-Airy de Verdun, abb.
I 566.	III 107.	1090.Pibo, évêq. de Toul.	p. Epinal, abb.—Barney.
I 393.	II 243.	1090.Heriman, évêq. de Metz.	p. St-Clément de Metz, abb. — levée du corps de saint Clément.
I 486.	III 14.	1090.Abbaye de St-Mihiel.	Construction du château de St-Mihiel.
I 487.	III 16.	v. 1090.Godefroy, duc et mar-quis.	p. Gorze, abb. — St-Dagobert de Stenay, pré.
240. I 489.	III 17.	1091.Luctulf, doyen de Toul.	p. St-Léon de Toul, abb. — fondon.
I 491.	III 20.	1091.Pibo, évêque de Toul.	p. St-Léon de Toul, abb.
I 493.	III 22.	1092.Henri IV, emp.	p. St-Pié, abb.
I 494.	III 24.	1092.Matfride et Cunégonde.	p. Lay, prré.
I 495.	III 24.	1093.Henri, comte palatin du Rhin.	p. Le Lac, abb.—fondon.
245. I 496.	III 26.	1093.Gérard de Thiecourt.	p. Thiecourt, pré. — fondon.
I 498.	III 29.	1094.Pibo, évêq. de Toul.	p. St-Mansuy, de Toul, abb.
I 500.	III 31.	1094.Godefroy, héritier du duc Godefroy.	p. St-Pierre de Bouillon, prré.
I 500.	III 31.	1095.Henri Iᵉʳ, comte de Luxembourg.	p. Epternach, abb. — vouerie.
I 502.	III 33.	1096.Pibo, évêq. de Toul.	p. Breuil, prré.—don de l'égl. de Commercy.
250. I 502.	III 34.	1096.Godefroy, duc et mar-quis.	p. St-Dagobert de Stenay, prieuré.
I 504.	III 36.	1096.La comtesse Mathilde.	p. St-Pierremont, abb.
I 505.	III 37.	1096.Urbain II, pape.	id.
I 506.	III 38.	1096.Albert, comte de Moha.	p. Mont-St-Martin, prré. — fondon.
I 507.	III 39.	1096.Urbain II, pape.	p. St-Vincent de Metz, abb.
255. I 508.	III 40.	1096. id.	p. Juvigny, abb.
I 509.	III 42.	1097.Pibo, évêq. de Toul.	p. St-Jacq. du Neuf-Château, prré. —fondon.
—	III 44.	1097.Arnould Iᵉʳ, Cᵗᵉ. de Chiny.	p. Sainte-Walburge de Chiny, prré. — fondon.
I 512.	III 45.	1099.Richer, évêq. de Verdun.	p. St-Mihiel, abb.—don de la monnaie.
I 513.	III 46.	entr. 1099 et 1118.Pascal II, pape.	p. Remiremont, abb.

1ʳᵉ édit.	2ᵉ édit.		

260. I 575. III 122. v. 1100.Richard, légat.   p. Apremont, prieuré.
                                         — confirmation.

I 513. III 46. v. 1100.Pibo, évêq. de Toul. p. Landecourt, prieuré.

I 411. II 265. v. 1100.Mémorial.   p. St-Remy de Lunéville, abb. — fondᵒⁿ.

I 514. III 47. 1101.Hermensendis,comtesse   p. St-Vanne de Verdun,
       de Namur.   abb. et Mt-St-Martin, prieuré.

I 515. III 48. 1102.Thierry II, comte de Bar. p. St-Mihiel, abb.— don d'Insming, prieuré.

265.   —   I prélim. 166. 1104.(Vidim. de 1540) p. les Seigneurs de Hatstatt. — Tanviller.
                    Henri IV, emp.

I 515. III 49. 1105.Pibo, évêq. de Toul. p. St-Gengoulf de Toul, abb.

I 518. III 52. 1105.Théodoric, duc de Metz. p. Andanne, abb.

I 519. III 53. 1106.Thierry II, duc de Lorr. p. Bouzonville, abb.

I 519. III 53. 1106.Udalric,abbé de S-Mihiel p. Renaud Iᵉʳ, comte de Bar. — rachat du château de St-M.

270. I 520. III 54. 1106.Comtesse Mathilde.   p. St-Pierremont, abb.

I 521. III 56. 1106.Pascal II, pape.   p. St-Mihiel, abb.

   —   III 28. entre 1106 et 1150.Renaud Iʳ, p. St-Mihiel, abb. — St-Michel, près Pont-à-Moⁿ, prʳᵉ—fondᵒⁿ.
                comte de Bar.

I 524. III 59. 1107.Comtesse Mathilde.   p. Verdun, égl. — don de Stenay et Monzay.

   —   III 60. 1109 ou 1110. Mémorial.   p. N.-Dame de Nancy, prieuré, érigé en abb.

275. I 525.   —   1110.Renaud, évêq. de Toul. p. St-Evre de Toul,abb.

I 526. III 60. 1111.Ricuin, évêq. de Toul. p. Froville, prieuré.

I 527. III 62. 1111.Adalbero IV, év. de Metz. p. Senones, abb. — absolution du voué.

I 528. III 63. 1111.Henri V, emp.   p.   id.

I 530. III 65. 1112.   id.   p. St-Maximin de Trèv., abb.

280. I 532. III 68. v. 1112. Ricuin, évêq. de Toul. p. Gondrecourt, prʳᵉ.

I 533. III 69. 1113.Henri V, emp.   p. Remiremont, abb.

I 535. III 71. 1114.   id.   p. Moyen-Moutier, abb.

   —   V 128. 1114.   id.   p. Etival, abb.

II 297. V 132. 1114.Thierry II, duc de Lorr. p. St-Dié, abb.

285. I 536. III 73. 1115.   id.   p. Châtenoy, prʳᵉ, — lettre à Pascal II, pape.

I 537. III 73. 1115.Pascal II, pape,   p. Châtenoy, prᵗᵉ.

I 538. III 74. v. 1115.Ricuin, évêq. de Toul. p.   id

II 264. V 137. 1115.Thierry II, duc de Lorr. p. Bouxières-aux-Dames, abb.

II 260. V 133. entr. 1115 et 1123. Simon Iʳ, p. St-Dié, abb.
                duc de Lorr.

290. I 538. III 75. 1116.Ricuin, évêq. de Toul. p. Châtenoy, prʳᵉ.

II 262. V 134. 1117.Mémorial.   p. St-Mihiel, abb. — investiture des abbés.

II 279. V 156. 1117.Ricuin, évêq. de Toul. p. St-Vincent de Metz,
abb. — Chaligny.

II 264. V 137. 1120.Calixte II, pape.   p. Bruno, archev. de
Trèves. — privilég.

II 265. V 138. v. 1120.Simon Ier,duc de Lorr. p. St-Dié, abb.

295. II 265. V 138. 1121.Etienne, évêq.de Metz. p. Longeville-lès-Saint-
Avold, abb.

II 268. V 142. 1122.Ricuin, évêq. de Toul. p. St-Mansuy de Toul,
abb. — St-Don, prré.

II 269. V 143. 1123.   id.   p. St-Mihiel, abb. —
Bourmont, prré.

II 270. V 145. v. 1123.Guillaume, comte de p. Ste-Marie de Luxem-
Luxembourg.   bourg, abb.

I 439. II 302. 1124.Antoine, abbé de Seno- p. Senones, abb. —
nes.   dédicace de l'égl.

300. — III 109. 1124.Bruno,archev.de Trèves. Testament.

II 272. V 147. 1124.   id.   p. Ste-Marie de Luxembourg, abb.

II 273. V 149. ·1124.Ricuin, évêq. de Toul. p. Breuil, prré.

II 274. V 149. 1124.Otto, comte de Chiny. p. Orval, abb.

— V 151. entre 1124 et 1130.Honorius II, contre Thierry de Im-
pape.   bercourt.

305. II 275. V 151. 1125.Ménard, cte de Morsperg. p. Celle, prré.

II 276. V 153. 1125.Etienne,évêq. de Metz. p. Senones. abb.

II 281. V 158. 1126.Henri, évêq. de Toul. p. St-Vincent de Metz,
abb.—Chaliguy, prè.

1126. voy. 1138.

II 283. V 160. v. 1126.Judith, abbesse de p. Ste-Marie-aux-Bois.
St-Pierre de Metz.   abb.

II 312. V 161. 1127.(donné sous 1136) Henri, p. St-Mansuy de Toul,
évêque de Toul.   abb.

310. I 566. III 110. 1127.Honorius II, pape. p. Epinal, abb.

II 283. V 163. 1127.Etienne, évêq. de Metz. p. Mosnier, prieuré. —
fondon.

I 567. III 111. 1128? Ricuin, évêq. de Toul. p Epinal, abb.

— V 165. 1128. Henri, évêq. de Toul. p. Bleurville, abb.

II 285. V 167. 1128. Etienne, évêq. de Metz. p.Senones, abb. — don
de Lorching, prré.

315. II 286. V 168. 1129.   id.   p.Senones, abb. — don
de Schures, prré.

1129. Voyez 859.

II 294. { V 178. } v. 1130 Etienne, évêq. de Metz. p. Freistroff, abb. —
{ III 112. }   fondation.

II 296. { V 180. } 1130.   ld.   p. Freistroff,abb.—conf.
{ III 114. }

II 288. V 170. 1030.   id.   p. Ntre-Dme-la-Ronde de
Metz, collégle. — fdon.

II 289. V 172. 1130.   id.   p. Senones, abb.— don
de Basimont.

320. II 290. V 172. 1130.Simon Ier, duc de Lorr. p.Bouxières-aux-Dames,
abb.

— 27 —

1re édit.	2e édit.		
II 290.	V 173.	1130.Thierry, cte de Flandres.	p. Los, abb.
II 291.	V 174.	1130.Henri, évêque de Toul.	p. Lay, prré.
II 292.	V 175.	1131.LothaireII, roi desRom.	p. St-Jeande Liége, égl.
II 293.	V 176.	1131.Innocent II, pape.	p. St-Dié, abb.
325. II 296.	V 180.	1132. id.	p. Henri, évêq. de Toul. — restit. de Bercheim.
II 298.	V 181.	1132. Adalbero, archevêque de Trèves.	p. St-Dié, abb.
—	V 182.	1132.Simon Ier, duc de Lorr.	p. id.
II 298.	V 183.	1132.Geoffroy,év.de Châlons.	p. Chaude-Fontaine, pré.
—	V 186.	1134.Innocent II, pape.	p. St-Maximin de Trèves, abb.
330. —	V 186.	1134. id.	p. id. — contre un abbé simoniaque.
II 301.	V 187.	1134.Etienne, évêq. de Metz.	p. St-Benoît-en-Woivre, abb.
II 302.	V 188.	1135.Innocent II, pape.	p. Saint-Dié, abb.
II 302.	V 188.	1135.Henri, évêq. de Toul.	p. id.
II 303.	V 189.	1135.Lanzo,abbé de St-Mihiel.	p. Condé. — vouerie.
335. II 304.	V 191.	v. 1135.Adalbero,archevêque. de Trèves.	p. St.Evre de Toul, abb. et Chaumousey, abb.
—	V 192.	1135. id.	p. Wadgasse, abb.
II 305.	V 193.	1135. id.	p. Senones, abb. — satisfaction faite par Hri cte de Salm.
II 306.	V 195.	1135.Henri, évêq. de Toul.	p. Beaupré, abb.
II 307.	V 196.	1135.Albero,évêq.de Verdun.	p. St-Paul de Verdun, abb.
340. II 308.	V 197.	1136.Lothaire II, emp.	p. id.
II 309.	V 198.	1136.Adalbero,arch.de Trèves.	p. id.
II 311.	V 300.	1136.Innocent II, pape.	p. Toul, église. — paix entre l'év.et le comte.
		1136. voy. 1127.	
II 310.	V 199.	1137.Innocent II, pape.	p.St-PauldeVerdun,abb.
II 313.	V 301.	1137.Etienne, évêq. de Metz.	p. Laître-sous–Amance, prré.
345. —	V 308.	1137.Conrad III, roi des Rom.	p. Stavelo, abb.
—	V 303.	1138.Renaud de Coussey.	p.Mathieu Ier duc de Lor. — vente de Coussey
II 314.	V 304.	1138.Thierry, cte de Flandres.	p. Trunchin, abb.
II 315.	V 304.	1138.Etienne, évêq. de Metz.	p. St-Benoît-en-Woivre, abb.
{ II 281.	V 159. } 1138.	(donné sous 1126), Ma-	p. Ste-Marie-aux-Bois,
{ II 317.	V 306. }	thieu Ier, duc de Lorr.	abb.
350. —	V 309.	1138.Wibald,abbé de Stavelo.	p. Nicolas (ministerialis castelli Longiæ).
I 567.III 114.		1140.Etienne, évêq. de Metz.	p. Epinal, abb.
—	V 311.	1140.Henri, évêq de Toul.	p.Flabémont, abb.
II 318.V 312.		v. 1140.Mathieu Ier, ducde Lorr.	p.St-Evre de Toul, abb. — vouerie.

1re édit.	2e édit.		
	II 319.	V 313.	1140.Etienne, évêq. de Metz.	p. St-Avold, abb.

1re édit.	2e édit.		
	II 319.	V 313.	1140.Etienne, évêq. de Metz. p. St-Avold, abb.
355.	—	V 314.	1141.Henri, évêq. de Toul. p. Rengéval, abb.
	II 320.	V 316.	1141.Innocent II, pape. p. Orval, abb.
	I 568.	III 114.	1142.Etienne, évêq. de Metz. p. Épinal, abb.
	—	V 317.	1142.Conrad III, roi des Rom. p. Remiremont, abb.
	II 321.	V 318.	1142.Mathieu Ier, duc de Lorr. p. Le Tart, abb. — sal. de Vic.
360.	II 322.	V 320.	1142.Ferry, comte de Toul. p. id. id.
	I 568.	III 115.	1143.Hillin, archev.deTrèves. p. Epinal, abb.
	II 323.	V 321.	1144.Mathieu Ier, duc de Lorr. p. St-Evre de Toul,abb.
	II 324.	V 321.	v. 1145.Eugène III, pape. p. Toul, égl. — restiton de Vichery.
	II 324.	V 322.	1145.Henri, évêque de Toul. p. St-Sauveur en Vosges, abb.
365.	—	V 323.	1145.Mathieu Ier, duc de Lorr. p. N-D de Nancy, prré.
	II 325.	V 323.	1146.Henri, évêque de Toul. p.Bouxières-aux-Dames, abb.
	II 326.	V 325.	1146.Conrad III, roi des Rom. p. Trèves, égl. — don de St-Maximin, abb.
	II 327.	V 326.	1147.Adalbero, archev. de Trèves. p. Saint-Mont, prrè.
	—	V 328.	1147.Etienne, évêq. de Metz. p. Haute-Seille,abb.
370.	II 328.	V 329.	1147.Henri, évêq. de Toul. p. Saint-Don, prré.
	II 331.	V 332.	1148.Renaud, comte de Bourgogne. p. St-Etienne de Besançon, égl.
	II 332.	V 333.	1148.Mathieu Ier, duc de Lorr. p. L'Etanche, abb. — fondon.
	II 333.	V 334.	1149.Henri, évêq. de Toul. id.
	—	V 336.	1149.Adalbero, archevêque de Trèves. p.Toul,égl.—confirmon de Commercy.
375.	I 575.	III 122.	v. 1150. (Vidimus de 1453) Theodvin, légat. p. Apremont, prieuré.
	II 334.	V 339.	v. 1150.Eugène III, pape. p. Toul,église.—contre Math. Ier, duc de Lorr.
	II 335.	V 339.	v. 1150.Saint Bernard. p. St-Evre de Toul, abb. et Luxeuil, abb.
	II 335.	V 340.	v. 1150.Mathieu Ier,duc de Lorr. au cte de Sarrewerden. — frontières.
	II 336.	V 341.	v. 1150.Vibolde, abbé de Stavelo p. Regnier de Rupes.
380.	II 337.	V 342.	v. 1150.Isambard, abbé de Gorze. p. Ste-Marie-aux-Bois, abb.
	II 338.	V 343.	1150.Henri,archev.deMayence. p. Offembach, prré.
	II 339.	V 344.	1151.Henri, évêq. de Toul. p. Gondrecourt, prré.
	II 340.	V 346.	1152.Etienne, évêq. de Metz. p. Senones, abb.
	II 341.	V 347.	1152. id. p. St-Mihiel, abb.—Insming, prré.
385.	—	V 348.	1152.Gobert d'Apremont. p. Rengéval, abb.
	II 342.	V 349.	1152.Chapitre de Metz. id.
	II 343.	V 350.	1153.Adalbero,évêq.de Verdun p. Châtillon, abb. — fondon.
	II 346.	V 354.	1153.Henri, évêq. de Toul. p. St-Dié, abb. et Bongart, abb.

1ʳᵉ édit. 2ᵉ édit.

II 346. V 354. 1154. Adrien IV, pape.   p. St-Mansuy de Toul, abb.

390. II 337. V 342. entre 1154 et 1159. Adrien IV, p. St-Pierremont, abb.
pape.

II 349. V 355. v. 1155-1156. Etienne, évêq. de p. Haute - Seille, abb.
Metz.   — fondᵒⁿ.

II 344. V 351. 1156. Adalbero, évêq. de Verdun p. Châtillon, abb.

— V 356. 1156. Adrien IV, pape.   p. Gorze, abb.

II 349. V 358. 1156. Mathieu I, duc de Lorr. p. Bouxières-aux-Dames, abb.

395. II 350. V 358. 1156. Frédéric Iᵉʳ, emp.   p. Verdun, égl. — confirmᵒⁿ du comté.

II 351. V 360. 1157. Hillin, archev. de Trèves. p. Belchamp, abb. — fondᵒⁿ.

II 352. V 363. 1157. Henri, évêque de Toul. p. Beaupré, abb. — fondᵒⁿ.

II 355. V 367. 1157. Frédéric Iᵉʳ, emp.   p. St-Dié, abb.

— V 362. 1157. Henri, évêq. de Toul. p. Murault, abb.

400. II 356. V 368. 1157. Mathieu Iᵉʳ, duc de Lorr. p. Bouzonville, abb.

II 456. — 1159. id.   p. Clairlieu, abb. — fondᵒⁿ.

II 357. V 369. 1159. Frédéric Iᵉʳ, emp.   p. Beaupré, abb.

II 357. V 370. apr. 1159. Alexandre III, pape. à Henri, arch. de Reims.

II 358. IV 5. apr. 1159. id.   à id.

405. II 358. VI 7. apr. 1160. id.   p. La Chalade, abb.

I 569. III 116. 1161. Henri de Lorr., évêq. p. Epinal, abb.
de Toul.

I 570. III 116. 1161. Hillin, archev. de Trèves. p. id.

— VI 8. 1161. id.   p. Stᵉ-Croix de Buris, abb.

II 359. VI 8. apr. 1161. Victor IV, pape. à Albert de Marcey, évêq. de Verdun.

410. II 359. VI 10. 1162. Mathieu Iᵉʳ, duc de Lorr. p. Stᵉ Marie-aux-Bois, abb.

— VI 12. 1162. Frédéric Iᵉʳ, emp.   p. Salival, abb.

II 360. VI 11. 1163. Etienne, évêq. de Metz. p. St.-Thiébaut de Metz, collégᵉ. — fondᵒⁿ.

II 361. VI 13. 1163. Richard, évêq. de Verdun. p. Châtillon, abb.

II 361. VI 13. v. 1163. id.   id.

415. II 323. V 320. apr. 1163. Joffroy III, Sʳ de Join- p. Escurey, abb. — fondᵒⁿ.
ville.

II 362. VI 14. 1166. Phil., comte de Flandres. p. St-Pierre de Lo, collégᵉ.

II 362. VI 15. 1166. Henri II, comte de Luxem- p. Stᵉ Marie de Luxemb., bourg.   abb.

— VI 15. 1166. Mathieu Iᵉʳ, duc de Lorr. p. St-Benigne de Dijon, abb.

II 363. VI 16. 1168. id.   p. Stᵉ-Marie-aux-Bois, abb.

420. II 364. VI 16. 1168. Frédéric Iᵉʳ, emp.   p. Toul, égl. — don de de la monnaie de Liverdun.

1ʳᵉ édit.	2ᵉ édit.		

I 570. III 117. entre 1168 et 1192. Pierre de p. Epinal, abb.
Brixey, évêq. de Toul.

I 571. III 118. entre 1168 et 1192. id. p. St-Goëric d'Épinal, égl.

II 364. VI 17. 1171. id. p. St-Sauveur, abb. et
Haute-Seille, abb.

— VI 6. 1172. Mathieu Iᵉʳ, duc de Lorr. p. Clairlieu, abb.

425. II 365. VI 18. 1172. id. p. Beaupré, abb. et Bon-
gart, abb.

II 366. VI 19. v. 1173. Henri, comte de Monçon, p. Beaulieu, abb. — sau-
ve-garde.

II 366. VI 19. 1174. Henri, comte de Salm. p. Haute-Seille, abb.

II 368. VI 22. 1176. Drogo de Nancy. p. Beaupré, abb.

II 369. VI 22. 1176. Simon II, duc de Lorr. id.

430. II 370. VI 24. 1176. Simon II, duc de Lorr. p. Bouxières-aux-Dames,
abb.

II 371. VI 25. 1176. Thierry, évêq. de Metz. p. Autrey, abb:

II 371. VI 25. 1176. Pierre, évêq. de Toul. p. Clairlieu, abb.

II 375. VI 29. 1176. Berta, duchesse de Lorr. p. St-Mansuy de Toul,
et Simon II, duc, son fils. abb.

II 373. VI 27. v. 1176. Gérard II, comte de p. Clairlieu, abb. — don
Vaudémont. de Benevise.

435. II 373. VI 28. v. 1176. Odo, évêq. de Toul. p. Clairlieu, abb. — accord p. Benevise.

II 368. VI 21. entre 1176 et 1207. Simon II, p. la monnaie de Saint-
duc de Lorr. Diey.

II 375. VI 30. v. 1177. Conon, abbé de Saint- p. Flavigny, prré.
Vannes.

II 378. VI 30. v. 1177. Berta, duchesse de Lorr. p. Sᵗᵉ-Marie-aux-Bois,
abb. — confirmᵒⁿ de
Blanzey.

II 378. VI 31. 1178. Arnould, archev. de Trèves p. St-Vanne de Verdun,
abb. et Sᵗᵉ-Marie de
Luxemb., abb.

440. II 380. VI 33. 1179. Bertram, évêq. de Metz. p. Metz cité. — réforme
du maître-échevinat.

II 382. VI 35. 1179. Agnès, comtesse de Bar et p. Verdun, égl. — ac-
Henri son fils. cord.

II 382. VI 35. 1179. Philippe, Cᵗᵉ de Flandres. p. Simon II, duc de Lorr.
et Frédéric son frère.
— pacification.

II 383. VI 36. 1179. Alexandre III, pape. p. Châtenoy, prré.

II 386. VI 40. 1179. id. p. Bouzonville, abb.

445. II 388. VI 43. 1180. Henri Iᵉʳ, comte de Bar. p. Sᵗᵉ-Marie-aux-Bois,
abb. — Blanzey.

II 389. VI 44. v. 1182. Lucius III, pape. p. Épinal, abb.

II 389. VI 45. v. 1182. id. p. id.

II 390. VI 45. v. 1182. id. p. id.

II 390. VI 46. 1182. Henri II, comte de Luxem- p. Sᵗᵉ-Marie de Luxemb.
bourg. abb.

450. II 537. — 1182. Guillaume, archevêque de p. Beaumont. — loi de
Reims. Beaumont.

1re édit.	2e édit.			

II 287. V 169. v. 1183.Gobert d'Apremont. p. St-Benoit en Woivre, abb.

II 391. VI 47. 1184.Bertram, évêq. de Metz. p. Bouzonville, abb.

II 392. VI 47. 1184.Henri, comte de Salm. p. Haute-Seille, abb.

II 393. VI 49. 1185.Pierre, évêq. de Toul. p. Rinelle, collégle. — fondon.

455. II 394. VI 50. 1185.Louis, cte de Sarrewerden. p. Haute-Seille, abb.

II 394. VI 50. 1186.Pierre, évêq. de Toul. p. Commercy, collégle. — fondon.

II 397. VI 54. 1186.Henri, comte de Salm. p. Haute-Seille, abb.

II 397. VI 54. 1188.Pierre, évêq. de Toul. p. Deuilly, prré.

II 401. VI 58. 1188. id. p. Liverdun, collégle. — fondon.

460. II 402. VI 60. 1188.Henri VI, roi des Rom. p. Toul, chapitre.

— VI 61. 1189.Thiébaut de Briey. p.Ermanson de Luxemb. sa femme.— douaire.

II 403. VI 61. 1192.Bertram, évêq. de Metz. p. Salival, abb.

II 404. VI 62. 1192.Odo, évêq. de Toul. p. Toul, égl. — statuts.

II 406. VI 64. 1194.Simon II, duc de Lorr. p. Beaupré, abb.

465. II 407. VI 65. 1195.Mathilde,Csse de Hombourg. p. Salival,abb.—fondon.

II 408. VI 67. 1195.Célestin III, pape. p. Deuilly, prré.

II 409. VI 68. 1196.Frédéric de Bitche. p. Stulzelbronn, abb.

— III 125. 1197. Agnès, csse de Bar et Thiéb., son fils. p. Ligny, collégiale. — fondation.

I 571. III 118. 1198. Bertram, évêque de Metz. p. Epinal, abb. — Saline de Vic.

470. II 412. VI 71. 1200.Thiébaut Ier, cte de Bar. et Guido de Domnopetro.—acc.p.les duels.

II 412. VI 71. 1200.Math. de Lorr.,év. de Toul. p. Toul, égl.—privilég.

II 413. VI 72. 1203. id. p. Lay, prieuré.

II 414. VI 73. 1203. Frédéric, Sr de Bitche. p. St-Dié, abb.

I 572. III 119. 1204.Bertram, évêque de Metz. p. Epinal, abb.

475. II 414. VI 73. 1204.Simon II, duc de Lorr. p. Remiremont, abb.

II 414. VI 74. 1204. id. p. Châtenoy, prieuré.

II 416. — 1204. id. p. le Saint-Mont, prré.

II 417. — 1206. Ferry Ier, duc de Lorraine. et Albert,cte de Dasbourg. — mariage de Thiéb. de Lorr. avec Gertrude, fille d'Albert.

II 417. — 1206. id. p.Bouxières-aux-Dames abb.

480. II 375. VI 76. 1208. id. et Thiébaut Ier, cte de Bar. — paix.

II 417. — 1210. Bertram, évêque de Metz. p. St-Avold, abb.

II 418. — 1210.Gérard, év. de Châlons. p. St-Mihiel, abb., et Sainte-Glossinde de Metz, abb.

II 418. — 1211.Bertram, évêque de Metz. p. Bouzonville, abb. — Freistroff.

I 419. — 1211. Ferry Ier, duc de Lorr. p. St-Evre de Toul, abb. — vouerie.

1re édit.	2e édit.		
485. II 420.	—	1211. Ferry Iᵉ, duc de Lorr.	p. St-Evre de Toul, abb. — péages.
II 420.	—	1212. Frédéric II, roi des Rom.	1ʳᵉ Lettre à Ferry Iᵉʳ, duc de Lorr.
II 421.	—	1212. id.	2ᵉ id.
II 422.	—	1213. Henri, évêque de Toul.	p. Flavigny, prieuré.
I 406. II 258.	entre 1213 et 1220	Thiéb. Iᵉʳ, duc de Lorraine.	p. St-Mathias de Trèves, abb.
490. II 424.	—	1214. Conrad, évêque de Metz.	et Thiéb. Iᵉʳ, duc de Lorr. — alliance.
II 424.	—	1214. Agnès, duchˢˢᵉ de Lorr.	p. Thiéb. Iᵉʳ, duc de Lor., s. fils. — mainburnie.
II 425.	—	1214. id.	p. Thiéb. Iᵉʳ, duc de Lorr. — aband. de s. douaiʳᵉ.
II 425.	—	1216. Honorius III, pape.	p. Hérival, prieuré.
—	III 126.	1218. Thiéb. Iᵉʳ, duc de Lorr.	et Thiéb., cᵗᵉ de Champagne. — paix.
495. II 426.	—	1218. Frédéric II, roi des Rom.	p. St-Evre de Toul, abb. — vouerie.
II 427.	—	1218. Thiéb. Iᵉʳ, duc de Lorr.	p. les hommes de Champagne.
II 429.	—	1220. Agnès, duchˢˢᵉ de Lorr.	p. Math. II, duc de Lorr., son fils. — remise de Nancy.
II 430.	—	1220. Mathieu II, duc de Lorr.	et Thiéb., cᵗᵉ de Champagne. — alliance.
II 430.	—	1220. Th., archevêq. de Trèves.	p. Agnès, duch. de Lorr. — remise de Nancy.
500. II 430.	—	1220. Mathieu II, duc de Lorr.	et sa mère. — paix.
II 430.	—	1220. id.	et Thiéb., cᵗᵉ de Champagne. — alliance.
I 406. II 259.	entre 1220 et 1251	id.	p. St-Mathias de Trèves, abb.
II 431.	—	1221. Conrad, évêque de Metz.	p. les Frères-Prêcheurs de Metz. — fondation.
II 431.	—	1222. Renand de Coucy.	p. Toul, égl.
505. II 432.	—	1222. Mathieu II, duc de Lorr.	p. le comté de Toul.
II 432	—	1222. Clémence, abbˢˢᵉ de Neuf-Moutier.	p. St-Léger de Marsal, collégiale.
II 432.	—	1222. Conrad, évêque de Metz.	p. id.
—	III 127.	1223. Guillaume (?) év. de Metz.	concède les copelles d'Epinal.
II 433.	—	1223. Henri II, cᵗᵉ de Bar.	p. Lay, prieuré.
510. II 433.	—	1223. Renaud de Commercy.	et Marguerite de Rusancey. — mariage.
II 434.	—	1224. Eude, évêque de Toul.	p. Mervaville, prieuré.
II 434.	—	1224. Mathieu II, duc de Lorr.	et Albert de Hᵗᵉ-Pierre. — accord pour la construᵒⁿ d'un château.

1re édit.	2e édit.		
II 435.	—	1225. Henri II, c^te de Bar.	p. Belchamp en Ar-. gonne. pr^ré. —fond^on.
II 436.	—	1225. Mathieu II, duc de Lorr.	p. Toul, égl. — Forêt de Heiz.
515. II 437.	—	1225. Th. archev. de Trèves.	p. Ste-Marie de Luxemb., abb. — écoles.
II 437.	—	1225. Mathieu II, duc de Lorr.	p. Cather. de Luxemb., sa femme. — douaire.
II 437.	—	1226. Jean d'Apremont, év. de Metz.	p. St-Nicolas-des-Prés de Verdun, abb. — f^on.
II 438.	—	1226. Simon, c^te de Sarrebruck.	p. Math. II, duc de Lorr. — renonciation.
II 438.	—	1226. Jacques de Lorr., princier de Metz.	p. id.
520. II 438.	—	1226. Agnès, duch^se de Lorr.	Testament.
II 440.	—	1227. Jean d'Apremont, év. de Metz.	p. Lorette, fille de S. Cte de Sarrebruck. — fief de Sarrebruck.
II 440.	—	1228. Thierry, c^te de Montb^liard.	à Math. II, duc de Lorr. — reprises.
II 440.	—	1228. Mathieu II, duc de Lorr.	et Conrad de Riste. — alliance.
II 441.	—	1229. Aëlis de Lorr., c^sse de Kibourg.	p. Math. II, duc de Lorr., son frère. —renonc^on.
525. II 441.	—	1229. Jeoffrois de Vaudémont, s^r de Gondrecourt.	p. Henri II, c^te de Bar. — reprises.
II 441.	—	1229. Mathieu II, duc de Lorr.	et Thiéb., c^te de Champagne. — alliance contre Henri, c^te de B.
II 442.	—	1230. Jeoffrois, abb. de St-Evre de Toul.	p. le Val-des-Ecoliers, congrégation.
II 442.	—	1230. Henri II, c^te de Bar.	et le duc de Lorr. et le c^te de Champ. — trève.
II 442.	—	1230. Philippe, c^te de Boulogne et Thiéb., c^te de Champagne.	p. le duc de Lorr. et le c^te de Bar. — pacific^on.
530. II 444.	—	1230. Chap. gén^ral de l'O. de St-Benoît, au dioc. de Trèv.	Statuts.
II 445.	—	1231. Ermesinde, c^sse de Luxembourg.	p. Luxeuil, abb.
II 445.	—	1231. Henri II, c^te de Bar.	p. sa fille mariée à Henri III, c^te de Luxembourg. — don de Ligny.
II 446.	—	1232. L'évêq. et le chap. de Strasb.	p. Math. II, duc de Lorr. — don de deux fiefs.
II 447.	—	1232. Mathieu II, duc de Lorr.	p. Simon, s^r de Passav^ant
535. II 447.	—	1233. id.	p. Bouzonville, abb.

3

1re édit.	2e édit.		
II 447.	—	1234. Grégoire IX, pape.	à Math. II, duc de Lorr. pr la reine de Chypre.
II 448.	—	1235. Ferry, cte de Toul.	p. Math. II, duc de Lorr. et l'év. de Toul. — comté de Toul.
II 448.	—	1235. Hugues, cte de Vaudémont.	p. ses fils.—partage.
II 449.	—	1235. Alexandre de Soleuvre.	p. Differdange, abb. — fondation.
540. II 449.	—	1236. Grégoire IX, pape.	p. Ste-Houde, abb.—fon.
II 452.	—	1238. Mathieu II, duc de Lorr.	p. Catherine, sa femme. — douaire.
II 452.	—	1240. Ferry, cte de Toul.	p. Math. II, duc de Lorr. —engagt du Ctéde Toul.
II 453.	—	1240. Bertha, sœur de Mathieu II, duc de Lorraine.	p. Clairlieu, abb. — don de Faloart.
II 454.	—	1240. Mathieu II, duc de Lorr.	p. id.
545. II 454.	—	1240. Jacq. de Lorr. év. de Metz.	p. id.
II 457.	—	1240. Philippe, csse de Bar.	à sa fille. — don de Ligny en dot.
II 457.	—	1241. Philippe, csse de Bar.	Testament.
II 455.	—	1241. Bertha, sœur de Math. II, duc de Lorr.	p. Clairlieu, abb.
II 455.	—	1242. Math. II, duc de Lorr.	p. Clairlieu, abb.
550. II 457.	—	1242. Ferry de Salm.	et Thieb. II, cte de Bar. — alliance.
II 458.	—	1243. Thiéb. II, comte de Bar.	p. Varennes mis à la loi de Beaumont.
II 458.	—	1244. Roger, évêque de Toul.	p. le chap. de Toul et le sr de Commercy. — pacification.
II 459.	—	1244. Math. II, duc de Lorr.	et Thiéb. II, comte de Bar. — paix.
II 459.	—	1245. Barbas, Harbouey, Domevre, Cirey, églises.	p. St-Sauveur-en-Vosges ou Domevre, abb.
555. II 460.	—	1245. W., évêque de Sabine.	p. Hérival, prieuré.
II 460.	—	1246. Thiéb. II, comte de Bar.	p. Clermont—franchses.
II 461.	—	1246. Innocent IV, pape.	p. Val-de-Passey, prré.
II 461.	—	1246. Hugues, comte de Petite-Pierre.	p. Math. II, duc de Lorr. — reprises.
II 461.	—	1246. Innocent IV, pape.	p. Val-de-Passey, prré. — statuts.
560. II 462.	—	1246. id.	p. Val-de-Passey. — juridiction.
II 462.	—	1246. Le fils d'Arnould, comte de Los et de Chiny.	et Catherine, fille de Math. II, duc de Lor. — mariage.
II 463.	—	1248. Math. II, duc de Lorr.	à Catherine, sa femme, — don de Dâlem et Belrains.

1re édit.	2e édit.			
	II 463.	—	1248. Ferry, comte de Toul.	p. Math. II, duc de Lorr. — engagement du comté de Toul.
	II {432.} {464.}	—	1248. Math. II, duc de Lorr.	p. l'évêque de Toul. — rachat du comté de Toul.
565.	II 464.	—	1248. Innocent IV, pape.	p. Remiremont, abb.
	II 465.	—	1248. Math. II, duc de Lorr.	p. le pape contre Frédéric II, emp.
	II 467.	—	1248. Le card. Pierre, légat du S.-Siége.	p. Math. II, duc de Lorr.
	II 467..	—	1249. Henri, frère de Thiéb. II, comte de Bar.	Testament.
	II 468.	—	1249. Mathieu II, duc de Lorr.	p. Toul, cité, — garde pour 10 ans.
570.	II 455.	—	1250. La comtesse de Linange.	p. Clairlieu, abb.
	II 468.	—	1250 (1251 av. Pâq.). Math. II, duc de Lorr.	p. des marchands.
	II 469.	—	1252. Math. II, duc de Lorr.	et Thiéb. II, comte de Bar. — paix.
	II 471.	—	1252. Catherine, duchesse régente de Lorr.	p. Thiéb. II, comte de Bar. — contre Toul, cité.
	II 472.	—	1252. Gauthier de Vignory.	p. Thiéb. II, cte de Bar. — plégerie pour le duc de Lorr.
575.	II 472.	—	1252. C. et B., seignrs de Fénestranges.	p. St-Mihiel, abb. — prté de St-Léonard.
	II 473.	—	1253. Toul, cité.	p. la duchsse de Lorr. e son fils. — garde.
	II 474.	—	1253. Werry de Deneuvre.	p. Jacq., év. de Metz. — vouerie de Condé, etc.
	II 474.	—	1254. Jacques de Lorr., év. de Metz.	p. Hombourg, collégle. — fondation.
	II 475.	—	1255. Ferry III, duc de Lorr.	et Margrite de Navarre. — mariage.
580.	II 477.	—	1255. Richard, fils de Thierry, cte de Montbelliard.	et Catherine de Lorraine. — mariage.
	II 477.	—	1255. Ferry III, duc de Lorr.	et Henri III, comte de Luxembourg. — trté.
	II 478.	—	1255. L'abbesse de Bouxières-aux-Dames.	p. les Templiers de Schuney.
	II 479.	—	1255. Thiéb. II, comte de Bar.	et Ferry III, duc de Lorr. — alliance.
	II 479.	—	1256. Jacques de Lorr., évêq. de Metz.	p. Sarrebourg, collégle. — fondation.
585.	II 480.	—	1257. Verdun, cité.	p. Thiéb. II, cte de Bar. — garde.
	II 480.	—	1257. Radulf., cte de Halsporch.	et Ferry III, duc de Lorr. — paix.
	II 480.	—	1257. id.	et id.

1re édit.	2e édit.		
II 481.	—	1258.Thiéb. II, comte de Bar.	et Ferry III, duc de Lorr. — garde de Toul.
II 481.	—	1258.Alfonse, roi des Rom.	p. Ferry III, duc de Lorr. — investitures et reprises.
590. II 482.	—	1258.Jean, s' de Choiseul.	et Thiéb. II, cte de Bar. — alliance.
II 483.	—	1259.Jacques de Lorr. év. de Metz.	et Ferry III, duc de Lorr. — accord.
II 483.	—	1259.Thiéb. II, comte de Bar.	p. La Mothe, collégiale. — fondation.
II 484.	—	1260.Renaud de Bar, chevalr.	p. Ferry III, duc de Lorr. — reprises.
II 485.	—	1260.Ferry III, duc de Lorr.	à Renaud de Bar, chevalier. — réversales.
595. II 485.	—	1260.Thiéb. II, comte de Bar.	et Ferry III, duc de Lorr. — paix.
II 486.	—	1260 (1261).Alfonse roi de Castlle.	p. Ferry III, duc de Lorr. — pension.
II 486.	—	1261. Giles, évêque de Toul.	p. le comté de Toul.
II 487.	—	1261. B., abbé de Senones.	et le comte de Salm. — paix pour Framont.
II 489.	—	1262. 3 paraiges de Metz, Portsaillis, Jurue, Portemoselle.	et Thiéb. II, co de Bar. — alliance.
600. II 489.	—	1262.Henri III, c ‹ de Luxembourg.	p. Thiéb. II, cte de Bar. — reprises.
II 490.	—	1263. N., abbé de L'Isle-en-Barrois.	p. Thiéb. II, cte de Bar. — garde.
II 490.	—	1263.Phil., év. de Metz et Metz, cité.	et Thiéb. II, cte de Bar. — alliance.
II 491.	—	1265.Henri, 2e fils du comte de Vaudémont.	p. Ferry III, duc de Lorr. — reprises.
II 491.	—	1266.Henri III, cte de Luxembg.	et Ferry III, duc de Lorr. — alliance contre Th. II, comte de Bar.
605. II 493.	—	1266.Robert, évêq. de Verdun.	p. Liège, égl. et chap. — don de Jupile.
II 494.	—	1266.Ferry III, duc de Lorr.	p. le sr de Passavant. — Martinville, prré.
II 495.	—	1267.Henri, cte de Vaudémont.	p. St-Evre de Toul, abb.
II 496.	—	1267.Thiéb. II, comte de Bar.	et Ferry III, duc de Lorr. — alliance contre l'évêque de Metz.
II 497.	—	1268 (1269). Henri III, comte de Luxembourg.	à Ferry III, duc de Lorr. — quittce de dommag.
610. II 497.	—	1269.Ferry III, duc de Lorr.	p. St-Gengoulf, de Toul, collégiale.
II 498.	—	1270 (1271).Laurent, év. de Metz	et Ferry III, duc de Lorr. — 1re paix.

1re édit.	2e édit.		
II 499.	—	1270. Ferry III, duc de Lorr.	p. St-Mathias de Trèves, abb.
II 500.	—	1271 (1272). Henri, sʳ de Blamᵒⁿᵗ.	et Ferry III, duc de Lorr. — alliance.
II 500.	—	1272. Thiéb. II, comte de Bar.	et Ferry III, duc de Lorr. — traité. — rançon de l'év. de Metz.
615. II 501.	—	1272. id.	et Ferry III, duc de Lorr. — traité.
II 501.	—	1272. id.	et id.
II 502.	—	1272. Epinal, ville.	p. Thiéb. II, cᵗᵉ de Bar. — garde.
II 503.	—	1274. Laurent, évêq. de Metz.	et Ferry III, duc de Lorr. — 2e paix.
II 504.	—	1274. Borcard de Geroltzeck, chʳ.	p. Ferry III, duc de Lorr. — rançon.
620. II 506.	—	1274. Hornbach, abb.	et St-Mihiel, abb. — association de prières.
II 506.	—	1274. Rodolphe, roi des Rom.	p. le duc de Lor. et l'évêque de Strasbourg, s. prisonnⁱᵉʳ. — accʳᵈ.
II 507.	—	1274. Laurent, évêque de Metz.	et Ferry III, duc de Lorr. — 3ₑ paix.
II 508.	—	1275. Simon, comte de Sarrebruck, sʳ de Commercy.	et Ferry III, duc de Lorr. — alliance.
II 508.	—	1276 (1277). Henri, comte de Vaudémont.	et Ferry III, duc de Lorr. — alliance contre l'évêque de Metz.
625. II 508.	—	1277. Thiéb. II, comte de Bar.	et Ferry III, duc de Lorr. — accord.
II 509.	—	1277. Jehan, seignʳ de Choiseuil.	et Ferry III, duc de Lorr. — accord pour ses dommages.
II 509.	—	1277 (1278). Henri, fils aîné du cᵗᵉ de Bar.	et Ferry III, duc de Lorr. — accord.
II 509.	—	1278. Gobert d'Apremont.	p. Ferry III, duc de Lorr. et Laurent, évêq. de Metz. — pacification.
II 510.	—	1279. Nicolas III, pape.	p. Juvigny abb.
630. II 511.	—	1280. Jehan, sʳ de Choiseuil.	p. Ferry III, duc de Lorr. — rançon.
II 512.	—	1281. Metz, cité.	et Ferry III, duc de Lorr. — paix.
II 513.	—	1281. Thiébaut II, cᵗᵉ de Bar.	et Ferry III, duc de Lorr. — alliance.
II 515.	—	1281. Louis de Bavière, cᵗᵉ palatin.	et la fille de Ferry III, duc de Lorr. — marᵍᵉ.
II 513.	— v.	1281. Thiéb., fils aîné du duc de Lorraine.	et Isabelle de Rumigny. — mariage.
635. II 511.	—	1282. Ferry III, duc de Lorr.	et Jehan sʳ de Choiseuil — accord.

1re édit.	2e édit.		
II 512.	—	1282. Jean, s^r de Choiseuil.	à Ferry III, duc de Lorr. — accord.
II 512.	—	1282. id.	à Ferry III, duc de Lorr. — quittance.
II 518.	—	1282. Thiébaut II, c^{te} de Bar.	Testament.
II 520.	—	1282. Henri IV, c^{te} de Luxemb.	p. Luxembourg, ville. — franchises.
640.	— III 135.	1284. Simonin de Rozières.	p. Ferry III, duc de Lorr. — vente de Mirecourt.
II 521.	—	1284. Bouchard, év. de Metz.	et Ferry III, duc de Lorr. — paix.
II 523.	—	1285. Conrad, év. de Toul.	p. Toul chap. et Toul cité. — pacification.
II 524.	—	1286. id.	p. Ferry III, duc de Lorr. — garde de l'évêché.
II 525.	—	1287. Thieb. II, comte de Bar.	p. l'évêq. de Verdun. — reprise de Beaulieu.
645. II 525.	—	1288. Les nobles hom^s du comté de Bar.	p. Beaulieu, abb. — déclaration.
. II 526.	—	1288. Les nobles hom^s du comté de Bar.	p. Beaulieu, abb. et Montfaucon, abb. — déclaration.
II 527.	—	1289. Henri, s^r de Blamont.	et Ferry III, duc de Lorr. — all^{ce} contre l'évêque de Metz.
II 528.	—	1289. id.	et Ferry III, duc de Lorr. — alliance con^{tre} Metz cité.
II 529.	—	1289 (1290). Conrad, fils de E., comte de Fribourg.	et Catherine de Lorraine. — mariage.
650. II 531.	—	1290. Jean, frère du comte de Bourgogne.	p. Ferry III, duc de Lorr. — ces^{ion} de Passavant.
II 531.	—	1290. Jean, frère du comte de Bourgogne.	p. id.
II 532.	—	1290. Henri, s^r de Blamont et Henri s^r d'Andlau.	p. Ferry III, duc de Lorr. et les s^{rs} de Ribaupierre. — pacificat^{ion}.
II 532.	—	1290. Egenus, c^{te} de Fribourg.	et Ferry III, duc de Lorr. — alliance.
II 533.	—	1290. id.	p. Ferry III, duc de Lorr. — quitt^{ce} de dom^{ges}.
655. II 533.	—	1290. H. marq. de Hacbourg et autres seigneurs.	et Ferry III, duc de Lorr. — alliance contre l'évêque de Metz.
II 533.	—	1290. Frédéric de Linanges.	p. Ferry III, duc de Lorr. — quitt^{ce} de dom^{ges}.
II 535.	—	1290. Conrad, fils de E., comte de Fribourg.	à Catherine de Lorraine sa femme. — douaire.
II 535.	—	1291. Willaumes d'Otun, esc^r.	à Ferry III, duc de Lorr. — engag^t de le servir.

1ʳᵉ édit.	2ᵉ édit.			
II 536.	—	1291.	Bouchard, év. de Metz.	et Ferry III, duc de Lorr. — paix.
660. II 534.	—	1293.	R., écuyer de W. de Manderscheidt.	à Ferry III, duc de Lorr. — quitᶜᵉ de 2 rançᵒⁿˢ.
II 541.	—	1293.	Toul, cité.	et Ferry III, duc de Lorr. — paix.
I 572.III 119.		1294.	Epinal, abb.	Protestation.
— III 136.		1294.	Wautrins de Rozières.	et Ferry III, duc de Lorr. — échange.
II 541.	—	1295.	Adolphe, roi des Rom.	à Ferry III, duc de Lorr. — lettre.
665. II 542.	—	1295.	Ferry III, duc de Lorr.	p. Stulzelbronn, abb.
II 544.	—	1295.	Henri, sʳ de Blamont.	et Henri III, cᵗᵉ de Bar. — alliance contre le roi de France.
II 545.	—	1296.	Jean, év. de Toul.	Institᵒⁿ d'un mᵗʳᵉ de la monnaie de Toul.
II 546.	—	1297.	Edouard IV, roi d'Angleterre.	à Adolph. roi des Rom. — pour le cᵗᵉ de Bar.
II 546.	—	1297.	Ferry III, duc de Lorr.	Testament.
670. — III 137.		1298.	id.	p. les Dominicaines de Nancy. — fondation.
II 535.	—	1299.	H. de Hardemar, chevalʳ.	à Ferry III, duc de Lorr. — quitᶜᵉ de domᵍᵉˢ.
II 550.	—	1299.	Boëmund, archev. de Trèves.	et Ferry III, duc de Lorr. — alliance contre Schwartemberg.
II 551.	—	1299.	Albert, roi des Rom.	p. Gérard, év. de Metz. — investiture.
II 528.	—	1299.	id.	Confirmation des lettres d'Adolphe et Rodolphe, rois des Rom. sur les limitᵉˢ de l'empire.
675. II 552.	—	1301.	Henri, sʳ de Blamont.	p. Deneuvre, collégˡᵉ.— fondation.
II 556.	—	1302.	Edouard IV, roi d'Angleterre.	Mandemᵗ sur la mort de Henri III, cᵗᵉ de Bar.
II 428.	—	1304.	Philip. IV, le Bel, roi de France.	à Edouard Iᵉʳ, comte de Bar. — investiture.
II 557.	—	1304.	id.	et Thomas, év. de Verdun. — traité pʳ les limites.
II 558.	—	1308.	Thiéb. II, duc de Lorr.	p. Darnay, collégiale.— fondation.
680. II 429.	—	1310.	Thiéb. de Bar, év. de Liègᵉ.	p. Edouard Iᵉʳ, cᵗᵉ de Bar. — cession de Lamarche, Châtillon et Conflans.
II 561.	—	1310.	Philip. IV, le Bel, roi de France.	p. Verdun, cité.— protection.

	1re édit.	2e édit.		
	II 562.	—	1311. Marguerite, fille de Th. II, duc de Lorraine.	et Guy de Flandres, chevalier. — mariage.
	II 565.	—	1314. Edouard Ier, comte de Bar.	p. Ferry IV, duc de Lorr. — engag^{t} de Vaudémont, Chatel, etc.
	II 566.	—	1314. Henri, s^{r} de Blamont.	p. Haute-Seille, abb. — accord.
685.	II 566.	—	1315. Edouard Ier, comte de Bar.	p. St-Pierre de Bar, collég^{le}. — fondation.
	II 568.	—	1318. id.	et Henri, év. de Verdun. — paix.
	II 571.	—	1318. Pierre, abb. de St-Evre de Toul.	et Aubert de Toulon, écuyer. — paix.
	II 569.	—	1319. Ferry IV, duc de Lorr.	p. St-Evre, abb. et Aub. de Toulon. — sent^{ce}.
	II 570.	—	1319. Gobert, sr d'Apremont.	p. St-Nicolas d'Apremont, pr^{ré}. — fond^{on}.
690.	II 571.	—	1320. Henri Dauphin, év. de Metz.	et Ferry IV, duc de Lorr. — alliance.
	II 574.	—	1321. Edouard Ier, comte de Bar.	et Verdun, cité. — paix.
	II 578.	—	1322. id.	à Ferry IV, duc de Lorr. — reprises.
	II 579. / III 476.	—	1325. L'archev. de Trèves, le roi de Bohême, le duc de Lorr. et le comte de Bar.	et Metz, cité. — paix.
	II 581.	—	1328. Henri d'Apremont, év. de Verdun.	p. Hattonchatel, coll^{le}. — érection.
695.	II 583.	—	1331. Edouard Ier, comte de Bar.	p. St-George de Briey, collég^{le}. — fondation.
	II 586.	—	1331. Philip. VI, de Valois, roi de France.	p. Verdun, cité. — protection.
	II 587.	—	1331. id.	p. Verdun, égl. — révoca^{on} de sauve-garde.
	II 588.	—	1334. Baudouin, arch. de Trèves.	et Raoul, duc de Lorr. — alliance.
	II 590.	—	1336. Isabelle, d^{sse} de Lorr.	à Raoul, son fils. — renonc^{on} à son douaire.
700.	II 590.	—	1336. Phil. VI, de Valois, roi de France.	p. Ed. Ier, c^{te} de Bar, et Verdun, c^{té}. — pacif^{on}.
	II 592.	—	1337. Henri IV, c^{te} de Bar.	et Raoul, duc de Lorr. — paix.
	II 592.	—	1337. id.	et Jean, roi de Boh. c^{te} de Luxemb. — garde de Verdun.
	II 593.	—	1337. Jean, roi de Boh., comte de Luxembourg.	p. Verdun, c^{té}. — garde.
			1337. Voy. 1356.	
	II 600.	—	1338. Jean, roi de Boh., comte de Luxembourg.	et Henri IV, c^{te} de Bar. — garde de Verdun.
705.	II 601.	—	1341. Adhémar, évêq. de Metz.	et Raoul, duc de Lorr. — paix.

1ʳᵉ édit. 2ᵉ édit.

II 602. — 1342. Jean, roi de Boh., comte et Henri IV, cᵗᵉ de Bar. de Luxembourg. — accord pour les monnaies.

II 603. — 1342. Raoul, duc de Lorraine. et Thomas, év. de Toul. — alliance.

II 606. — 1344. Adhémar, évêq. de Metz. et Vic, ville. — accord.

II 609. — 1344. id. et id.

710. II 611. — 1344. Jean, roi de Bohême, comte p. Adhém., év. de Metz de Luxembourg. et Raoul, duc de Lorr. — pacification.

II 612. — 1344. Adhémar, évêq. de Metz. p. Raoul, duc de Lorr. — cession de Turkestein.

II 612. — 1346. Raoul, duc de Lorr. Testament.

III 408. — 1346. Phil. VI, de Valois, roi de p. la régence du comté France. de Bar.

II 614. — 1348. Les seignʳˢ de Pierrepont, contre les deux fils de d'Apremont, de Mon- Pierre de Bar. — tagu, de Forbach. ligue.

15. II 617. — 1352. Marie, régente de Lorr. et Yolande, régente de Bar. — alliance.

II 618. — 1353 (1354). Charles IV, emp. p. Robert, cᵗᵉ de Bar.

II 619. — 1354. id. p. Robert, cᵗᵉ de Bar. — érectᵒⁿ du marqˢᵃᵗ de Pont-à-Mousson.

II 621. — 1354. id. p. Pont-à-Mousson. — droits et priviléges.

II 622. — 1354. Robert, comte de Bar. p. la monnaie de Bar. — bail.

720. II 623. — 1354. La comtesse de Bar. p. la monnaie de Bar et de Clermont. — règlement.

II 623. — 1356. Charles IV, empereur. p. Yolande, cˢᵉ de Bar, et Robert, cᵗᵉ de Bar, son fils.

II 599. — 1356 (donné sous 1337). Bar, et Jean, roi de France. ville. — accord.

II 551. — 1357. Robert, duc de Bar. p. Yolande, sa mère. — régence du duché.

II 625. — 1357. Charles IV, empereur. p. Adhémar, évêque de Metz. — confirmation de Sarrebourg.

725. II 626. — 1358. Yolande, cˢᵉ de Bar, Ro- accord pʳ assiéger Man- bert, duc de Bar, s. fils, giennes et Sampigny. et Wenceslas, duc de Luxembourg.

II 627. — 1358. G., abbé de St-Vanne de p. Robert, duc de Bar. Verdun. — garde de l'abbaye.

II 628. — 1358. Wenceslas, roi de Bohême et Robert, duc de Bar. et duc de Luxembourg. — allᶜᵉ contre Ver- dun, év. et cité.

1re édit.	2e édit.		
II 631.	—	1358. Wenceslas, roi de Bohême et duc de Luxembourg.	et Robert, duc de Bar. — traité.
II 632.	—	1361. Hugues de Bar, év. de Verdun.	Testament.
730. II 633.	—	1361. Adhém., év. de Metz.	et les ducs de Luxemb., de Lorr., de Bar, et 35 autres seigneurs. — landfriede p. 2 ans.
II 639.	—	1362. Thiéb,, sr de Blamont.	et Jean, év. de Metz. — accord.
II 640.	—	1363. Jean I, duc de Lorr.	et Henri, comte de Vaudémont. — paix.
II 641.	—	1363 (1364). Le comte de Flandres.	p. Robert, duc de Bar et le sénéchal de Hainaut. — pacification.
II 644.	—	1366 (1367). Charles V, roi de France.	et Jean Ier, duc de Lorr. — trté de Vaucouleurs.
735. II 647.	—	1367. Robert, duc de Bar.	p. Bar, ville. — murs.
II 648.	—	1368. Henri de Bar, sr de Pierrefort.	Testament.
II 650.	—	1370. Jean II, duc de Lorr.	et Guy de Luxemb, cte de Ligny. — accord.
II 652.	—	1370. Jean de Bourbon, évêque de Verdun.	et Pre de Bar, sr de Pierrefort. — paix.
{ II 654. } { III 476. }	—	1370. Robert, duc de Bar.	et Metz cité. — paix.
740. II 661.	—	1370. id.	p. la monnaie de Bar. — bail.
II 662.	—	1370. id.	p. son domaine. — reconstitution.
II 664.	—	1378. Charles V, roi de France.	p. Yolande, csse de Bar.
II 666.	—	1383. Henri, fils de Robert, duc de Bar.	et Marie de Coucy. — mariage.
II 665.	—	1385. Robert, duc de Bar.	p. l'hôpital de Bar.
745. II 667.	—	1386. Charles, fils de Robert, duc de Bar.	Testament.
II 668.	—	1387. Duché de Bar.	et duché de Luxembourg. — landfriede.
II 671.	—	1393. Phil., duc de Bourgogne.	et Charles II, duc de Lorr. — accord p. les prisonniers de 1391.
II 673.	—	1395. Raoul de Coucy, évêque de Metz.	et Charles II, duc de Lorr. — acc. p. Remberviller et Epinal.
II 674.	—	1397. Henri, fils de Robert, duc de Bar.	Testament.
750. II 676.	—	1399. Robert, duc de Bar.	p. Edouard, son fils. — don du marquisat de Pont-à-Mousson.

1re édit.	2e édit.		
H 677.	—	1399. Duché de Bar.	et duché de Luxembourg,— landfriede.
III 159.	—	1402. Marie de France, duchesse de Bar.	Testament.
III 162.	VI 80.	1406. Charles II, duc de Lorr.	et Toul, cité. — traité.
—	VI 88.	1406. id.	et Ch. VI, roi de Fr. — traité p. Neufchateau et Châtenoy, etc.
755. III 631.	—	1406. Robert, duc de Bar.	à l'empereur.—dénombrement de ses terres de Flandres.
—	VI 90.	1407. Charles II, duc de Lorr.	1" testament.
III 170.	VI 94.	1409. Robert, duc de Bar.	Partage entre ses trois fils.
—	VI 98.	1410. Edouard, mis du Pont.	au governr du Luxembourg.— trève entre Bar et Luxembourg.
III 174.	VI 99.	1411. Edouard III, duc de Bar.	p. Verdun, cité. — garde.
760. II 503.	—	1413. Ville d'Epinal.	p. Raoul de Coucy, év. de Metz.
—	VI 107.	1414. Edouard III, duc de Bar.	p. Luxembourg. — négociations de paix.
III 180.	VI 109.	1415. id.	Testament.
III 182.	VI 111.	1418. René d'Anjou et Isabelle de Lorraine.	Mariage.
III 185.	VI 115.	1419. Yolande d'Anjou et Louis son fils.	p. René d'Anjou. — duché de Bar.
765. III 631.	VI 115.	1420. Charles II, duc de Lorr.	p. Toul, cité.— paix.
III 634.	VI 118.	1420. id.	à Henri V, roi d'Anglet.
III 635.	VI 119.	1420. Fidéjusseurs lorrains.	p. le mariage de René et Isabelle.
III 186.	VI 123.	1423. Ferry de Ludres.	et Metz, cité.— paix.
III 187.	VI 124.	1424. Charles II, duc de Lorr.	2e testament.
770.	—	{ VII 373. / VII 377. / VII 382. } 1430. René Ier, duc de Lorr. et Isabelle.	p. la noblesse de Lorr. confirmon de privil.
III 638.	VI 130.	1430. Louis, cardinal de Bar.	Testament.
III 642.	VI 135.	1431 (1432). Robert de Sarbruck, sr de Commercy.	Compromis p. la paix avec René I, duc de Lorraine.
III 644.	VI 137.	1432. René Ier, duc de Lorraine.	et Conrad, év. de Metz. — rançon de l'évêq.
III 217.	VI 139.	1432. Ant. de Croy.	et Marguerite de Vaudémont. — mariage.
775. III 646.	VI 143.	1432. Ferry de Vaudémont.	et Yolande de Lorraine. — mariage.
		1432. Voy. 1467.	
III 220.	VI 149.	1434. Sigismond, emp.	à Robert, sr de Commercy.

(1re édit.   2e édit.

III 193. VI 150. 1434. Marg^te de Bav^re, veuve de Testament.
                        Charles II, duc de Lorr.
III 221. VI 153. 1435. Les év. de Metz et de Ver- Landfriede, p. la paix
                        dun et 80 autres s^grs.   publique.
III 385.   —   1436. René Ier, duc de Lorr.   Prohibition des vins
                                                  étrang^rs.—mandem^t.
780. III 130. VII 157. 1436. Philippe, duc de Bourg^gne. à René Ier, duc de Lorr.
                                                  — répit de sa prison.
III 653. VI 156. 1436. Jean de Calabre.   et Marie de Bourbon.—
                                                  mariage.
III 195. VI 157. 1436. Rob. des Hermoises et Je- à Colart de Failly. —
                        hanne du Lys.   vente de Haraucourt.
III 222. VI 159. apr. 1436. Phil. duc de Bour-   à René, duc de Bar. —
                        gogne.   demandes.
III 197. VI 162. 1437. Charles VII, roi de France. p. le Barrois. — sauve-
                                                  garde.
785. III 198. VI 163. 1441. Marguerite d'Anjou.   et Henri VI, roi d'An-
                                                  gleterre. — mariage.
III 654. VI 164. 1441. Levée des corps de saints à St-Mansuy de Toul.
                        évêques.   — abb.
III 656. VI 166. 1441. Louis, év. de Toul, et 27 Landfriede.
                        seigneurs lorrains.
   —   VII 357. 1444. Charles VII, roi de France. p. Epinal, abb. — con-
                                                  firm^on de priviléges.
   —   VII 358. 1444.   id.   p. St-Nicolas, ville et
                                                  égl.— sauvegarde.
790. — VII 360. 1444.   id.   p. Remiremont, abb.—
                                                  protection.
III 659. VI 170. 1444. Marguerite d'Anjou.   à Henri VI, roi d'Angle-
                                                  terre. — mariage.
III 686. VI 171. 1445. René Ier, duc de Lorr.   p. Jean de Calabre fait
                                                  lieut.-g^al en Barrois.
III 476.   —   1445.   id.   et Metz, cité. — traité.
III 660.   —   1445.   id.   p. Jean de Calabre. —
                                                  don du marquisat de
                                                  Pont-à-Mousson.
795. — VII 361. 1445. Charles VII, roi de France. p. Gorze, abb. — pro-
                                                  tection.
   —   I 109. 1446. Chapitre de Ste Ode   à St-Arnould de Metz,
                        d'Amaine.   abb.— généalogie de
                                                  saint Arnould.
III 199. VI 173. 1448. L'ordre des chevaliers du Statuts.
                        Croissant.
   —   VI 188. 1448. Chapitre prov^al de l'ord^re id.
                        de St-Benoît.
III 215. VI 190. 1450. Nicolas V, pape.   p. Metz, cité.— concor-
                                                  dat germanique.
800. II 615. — 1451.   id.   p. Vaudémont, collég^le.
III 212. VI 191. 1452. René Ier, duc de Lorr.   p. Jean de Calabre. —
                                                  don du duché de Lorr.

830. III 270. VI 239. {1473. / 1474.} {René II, duc de Lorr. et Louis XI, roi de Frᶜᵉ. — alliance contre Ch., duc de Bourgogne.

III 675. VI 241. 1474.   id.   et Louis XI, roi de Frᶜᵉ. — alliance contre Ch., duc de Bourgogne.

III 676. VI 241. 1474. René Iᵉʳ, duc de Lorraine, Testament. roi de Sicile.

III 272. VI 251. 1474. Marie, veuve d'Ant. de Testament. Vaudémont.

III 476.   —   1474. René II, duc de Lorr. et Metz, cité. — traité.

835. III 669. VI 254. 1475. Louis XI, roi de France. à ceux de Bar contre le duc de Bourgogne.

III 275. VI 255. 1475. La dame et les seigneurs de p. Fénestranges, collé- Fénestranges. giale. — fondation.

III 278. VI 259. 1475. René Iᵉʳ, duc de Lorr. roi à Salᵈⁱⁿ d'Anglure. — ré- de Sicile. vocation du don de Gondrecourt, etc.

III 123. VII 150. 1476. René II, duc de Lorraine. contre les Bourguignons. — mandement.

III 126. VII 153. 1476. Charles, duc de Bourgogⁿᵉ. à René II, duc de Lorr. — rép. aux défianᶜᵉˢ.

840. III 281. VI 262. 1476. Jean, archev. de Trèves. p. St-Mathias de Trèves, abb. — union de St- Germain, abb.

III 282. VI 263. 1476. Louis XI, roi de France. p. René Iᵉʳ, duc de Lorr. roi de Sicile. — main- levée.

— VI 265. 1476. René II, duc de Lorraine. p. St-Dié, abb. — pro- tection.

III 284. VI 266. 1476.   id.   p. Nancy. — capitula- tion de la ville.

— {VII 376. / VII 382.} 1477.   id.   p. la noblesse de Lorr — confirmation de priviléges.

845. III 286. VI 268. 1478. Louis XI, roi de France. et René II, duc de Lorr — alliance.

III 286. VI 268. 1478. Maximilien d'Autriche et et René II, duc de Lorr Marie. — alliance.

III 688. VI 270. 1479. René Iᵉʳ, duc de Lorraine, p. René II, duc de Lorr roi de Sicile. — bail du Barrois.

III {686 / bis.} VI 272. 1479.   id.   p. Louis XI, roi de Frᶜᵉ — bail du Barrois.

III 288. VI 274. 1482. René II, duc de Lorraine. Jugement d'un gage de bataille.

850. III 294. VI 281. 1484. Pierre de Bourbon, sei- et René II, duc de Lorr gneur de Beaujeu. — alliance.

III 295. VI 282. 1484. Yolande, mère de René II, Testament. duc de Lorraine.

1ʳᵉ édit.	2ᵉ édit.			

III 296. VI 284. 1485.René II, duc de Lorraine. et Philippe de Gueldre. — mariage.

III 297. VI 285. 1486. id. et Jeanne de Harcourt.— accord après leur divorce.

— VI 286. 1486. id. à Charles VIII, roi de France. — protestᵒⁿ.

855.III 685. VI 287. 1488.Innocent VIII, pape. p. René II, duc de Lorr. — son divorce.

— VII 380. 1489.René II, duc de Lorraine. aux Etats de Lorraine.— déclaration sur le don gratuit.

III 299. VI 289. 1490.Jean, archev. de Trèves. p. René II, duc de Lorr. et Metz, cité. — pacification.

III 476. — 1490.René II, duc de Lorraine. et Metz, cité. — traité.

III 302. VI 292. 1493.Marguerite d'Anjou. et Henri VI, roi d'Angleterre. — attestation de mariage.

860.III 303. VI 293. 1493.René II, duc de Lorraine. et Metz, cité. — paix.

III 305. VI 296. 1493. id. à Philippe de Gueldre. — douaire.

III 308. VI 298. 1494.Charles VIII,roi de France. p. René II, duc de Lorr. et Robert de La Marck. — pacification.

III 310. VI 300. 1494.René II, duc de Lorraine. et Robert de La Marck. — procuration de René II pour traiter.

III 311. VI 302. 1494. id. et Henri, év. de Metz, son oncle. — partage.

865.III 314. VI 305. 1495.Maximilien, roi des Romains. à René II, duc de Lorr. — réversales de reprises.

III 315. VI 306. 1496.René II, duc de Lorraine. p. les fils de G. Cabouat. — déclaration de noblesse maternelle.

III 315. VI 306. 1496. id. p. le Barrois.— mandement pour la taille.

III 315. VI 307. 1496.Claude, sʳ de Blamont. Testament.

III 318. VI 310. 1497.Charles VIII,roi de France. p. René II, duc de Lorr. — pension.

870. — VII 406.1497.René II, duc de Lorraine. p. Nancy. — priviléges.

III 319. VI 311. 1498.Jeanne de Laval, seconde femme de René Iᵉʳ, duc de Lorr., roi de Sicile. Testament.

III 324. VI 317. 1499.René II, duc de Lorraine. p. Olry de Blamont, évêque de Toul.

III 326. VI 318. 1500.Jean, bâtard d'Anjou. et Marguerite de Glandève. — mariage.

895. III 393. VI 390. 1542. Ferdinand, roi des Romains. — et Antoine, duc de Lorr. — traité de Nuremberg. — liberté du duché.

III 393. VI 390. 1543. Charles-Quint, empereur. (donné sous 1553). — et Antoine, duc de Lorr. — ratification du traité de Nuremberg.

III 398. VI 395. 1544. Antoine, duc de Lorraine. — Testament. — union de Lorr. et de Bar.

III 400. VI 398. 1544. Charles-Quint, empereur. — à M. de Saint-Maurice, son ambassadeur en France. — Stenay.

III 403. VI 401. 1544. François Iᵉʳ, roi de France. — au duc de Lorr. — restitution de Stenay.

900. III 404. VI 402. 1544.   id. — au duc de Lorr. — restitution de Stenay.

III 405. VI 403. 1545. François Iᵉʳ, duc de Lorr. — Testament.

III 406. VI 404. 1545. L'ambassadᵉᵘʳ d'Espagne. — à la princˢᵉ de Portugal.

III 406. VI 405. v. 1545. L'abbé de Luxeuil. — à M. de Saint-Maurice, ambassadeur de l'empereur en France.

III 403. VI 401. 1546. Charles-Quint, empereur. — à Marie, gouvernᵗᵉ des Pays-Bas. — Stenay.

905. III 402. VI 400. 1546. Marie, gouvernante des Pays-Bas. — à Charles-Quint, empereur (note chiffrée). — Stenay.

III 409. — 1546. Christine de Danemarck, duchesse de Lorraine. — p. Verdun, église. — Hattonchâtel.

III 413. — 1546. Paul III, pape. — p. Toul, égl. — bénéfiᶜᵉˢ.

III 416. — 1548. Nicolas, comte de Vaudémont. — et Marguerite d'Egmont. — mariage.

III 420. VI 79. 1549. Robert de La Marck, sʳ de Sedan. — sur un combat judiciaire. — jugement.

910. III 421. — 1549. Jean de Haranges, sʳ de Mérauvau. — sur un combat judiciaire. — protestation.

III 422. — 1550. Charles-Quint, empereur. — à Marie, gouvernᵗᶜ des Pays-Bas.

III 423. VI 407. 1550. La duchˢˢᵉ de Lorraine et le comte de Vaudémont. — p. la remise du corps de Charles le Téméraire.

III 423. — 1550. Christine, duchesse de Lorraine. — p.   id.

III 424. — 1550. La duchˢˢᵉ de Lorraine et le comte de Vaudémont. — p.   id.

915. III 424. VI 408. 1550. Les commissʳᵉˢ lorrains. Déclaration. — p.   id.

III 425. VI 408. 1550. Les commissʳᵉˢ bourguignons. Déclaration. — p.   id.

Mémorᵃˡ de la cérémⁿⁱᵉ. — p. la remise du corps de Charles le Téméraire. (Voy. table II, Charle le Téméraire.)

<table>
<tr><td>1re édit.</td><td>2e édit.</td><td></td><td></td><td></td></tr>
</table>

1re édit.	2e édit.			
III 425.	VII 189.	1552.	Henri II, roi de France.	p. Bar, Gondrecourt, Châtillon, etc. — déclaration.
		1553.	Voyez 1543.	
III 426.	VII 190.	1558.	Charles III, duc de Lorr.	et Claude de France. — mariage.
III 429.	VII 193.	1558.	Christine, duch^{sse} de Lorr.	et Henri II, roi de France. — articles pour la paix.
920. III 430.	VII 194.	1561.	Toussaint d'Hocedy, évêq. de Toul.	à Charles III, duc de Lorr. — cession de souveraineté.
—	VII 409.	1561.	Charles, card^{al} de Lorr., évêq. de Metz.	et Charles III, duc de Lorr. — échanges.
—	VII 410.	1561.	Charles, card^{al} de Lorr., évêq. de Metz.	et Charles III, duc de Lorr. — cession de Gorze.
—	VII 411.	1562.	Charles III, duc de Lorr.	p. Warangéville, pr^{ré}. — transaction.
—	VII 413.	1563.	Ferdinand Ier, empereur.	p. Remiremont, abb.
925. III 432.	—	1564.	Christine, duch^{sse} de Lorr.	au card^{nal} de Granvelle.
III 433.	—	1564.	Le baron de Polweiller.	id.
III 422.	—	1564.	id.	id.
III 433.	—	1564.	Le cardinal de Granvelle.	à Ferdinand Ier, emp^r.
III 434.	—	1564.	Ferdinand Ier, empereur.	au card^{nal} de Granvelle.
930. III 434.	—	1564.	id.	à Christine, duchesse de Lorr.
III 435.	—	1564.	Le docteur Seldius.	au card^{nal} de Granvelle.
—	VII 416.	1564.	Ferdinand Ier, empereur.	p. Remiremont, abb.
—	VII 421.	1566.	Le bailly de Vosges.	contre id.
—	VII 424.	1566.	Jean, comte de Salm.	à Charles III, duc de Lorr.
935. —	VII 426.	1566.	Marguerite, abbesse de Remiremont.	p. Charles III, duc de Lorr. — déclaration.
—	VII 427.	1566.	Charles II, duc de Lorr.	p. Remiremont, abb.
—	VII 428.	1567.	Maximilien II, empereur.	p. Charles III, duc de Lorr. — investitures.
III 435.	—	1569.	Pie V, pape.	p. St-Sauveur, abb. — translat^{on} à Domevre.
III 436.	—	1571.	Charles IX, roi de France.	et Charles III, duc de Lorr. — concordat.
940. III 438.	—	1571.	id.	au Parlem^{nt} de Paris. — sur le concordat avec le duc de Lorr.
—	VII 428.	1571.	N. Pseaume, évêque de Verdun.	p. Gorze, abb.
III 688 ^{bis}. —		1572.	Grégoire XIII, pape.	p. l'université de Pont-à-Mousson. — érect^{on}.
—	VII 430.	1572.	id.	p. Gorze, abb. — sécularisation.

1re édit.	2e édit.		
—	V prélim. 263.	1573.Charles III, duc de Lorr.	Vérifications de noblesse. — édit.
945.III 444.	—	1574.Claude de France, duchesse de Lorraine.	Testament.
III 442.	—	1575.Henri III, roi de France.	p. Charles III, duc de Lorr. — déclaration.
III 445.	—	1575. id.	et Louise de Lorraine. — mariage.
—	V prélim. 265.	1577.Charles III, duc de Lorr.	Vérifications de noblesse. — commisson.
—	V prélim. 267.	1578.Le maréchal de Lorraine.	Vérifications de noblesse. — commisson.
950.III 446.	—	1579.Charles III, duc de Lorr.	Nouveau calendrier et comnt de l'année à janvier. — ordonnce.
—	VII 436.	1579.Renée, abbesse de Remiremont.	et Charles III, duc de Lorr. — transaction.
III 439.	—	1581.Henri, duc de Guise.	à Charles III, duc de Lorr.—vente de Hombourg et St-Avold.
III 447.	—	1581.Le procureur général du roi.	Rédaction des coutumes de Bar. — appel.
III 448.	—	1581.Le parlement de Paris.	Rédaction des coutumes de Bar. — ordonnce.
955.III 447.	—	1582.Charles III, duc de Lorr.	Nouveau calendrier et retrancht de 10 jours. — ordonnance.
—	V prélim. 268.	1585. id.	Vérifications de noblesse. — ordonnce.
III 448.	—	1588. id.	Révocation des coadjuteurs écclésiastiques. — édit.
III 450.	—	1594.Henri IV, roi de France.	et Charles III, duc de Lorr. — traité de St-Germain.
III 453.	—	1595. id.	et Charles III, duc de Lorr. — traité de Folembray.
960.III 455.	—	1596.Eric de Lorraine, évêque de Verdun.	à Clément VIII, pape.
III 456.	—	1597.Fr. de Vaudémont, fils de Charles III, duc de Lorr.	et Christine de Salm.— mariage.
—	VII 439.	1598.Henri de Lorr., fils de Charles III, duc de Lorr.	et Catherine de Bourbon. — mariage.
—	V prélim. 270.	1599.Charles III, duc de Lorr.	Anoblments.—déclaron.
III 463.	—	1602.Clément VIII, pape.	p. la primatiale de Nancy.— érection.
965.	VII 447.	1603.Charles III, duc de Lorr.	et Charles, cardnal de Lorr., év. de Metz. —traité p. les salines.

1re édit.	2e édit.		
III 477.	—	1604.Charles III, duc de Lorr.	et Metz, cité. — traité.
III 481.	—	1604.Henri IV, roi de France.	Approb^{on} du traité entre Metz et Lorr.
III 483.	—	1606.Charles III, duc de Lorr.	Testament.
III 486.	—	1606.Henri de Lorraine, duc de Bar.	et Marguerite de Gonzague. — mariage.
970.	— VII 445.	1606.Le chap^{tre} de la primat^{le} de Nancy.	p. Dieulouard. — coll^{le}.
III 489.	—	1608.Henri II, duc de Lorr.	au chapitre de St-Dié.
III 489.	—	1617.Paul V, pape.	p. les prémontrés de Lorr. — réforme.
	— VII 449.	1621.Charles de Lorraine.	et Nicole de Lorr. — mariage.
	— VII 453.	1621.Henri II, duc de Lorraine.	Testament.
975.	— VII 455.	1621.François de Lorraine et Charles de Lorraine, son fils.	Protest^{on} touchant le mariage de Charles avec Nicole.
III 440.	—	1623.François de Lorraine, év. de Verdun.	p.Apremont —collég^{le}.
III 492.	—	1623.Henri II, duc de Lorraine.	et Louis, c^{te} de Nassau. — navigation sur la Sarre.
	— VII 456.	1624.François de Lorraine et Charles de Lorr., son fils.	Protestation.
III 493.	—	1625.François de Lorraine et Charles de Lorr., son fils.	Introduction de la loi salique en Lorr.
980. III 573.	VII 295.	1626.Henri de Lorr., abbé de Saint-Mihiel.	Testament.
	— VII 394.	1626.Charles IV, duc de Lorr.	p. la noblesse de Lorraine. —confirm^{on} de priviléges.
	— VII 402.	1626.Etats généraux de Nancy.	Résultat.
	— VII 401.	1629. id.	Remontrances.
III 575.	VII 297.	1630.François II, duc de Lorr.	p. Bouquenom, collég^{le}. — fond^{on}.
985. III 497.	—	1631.Gustave-Adolphe, roi de Suède.	à Charles IV, duc de Lorraine.
III 505.	VII 194.	1632.Marguerite de Gonzague, duchesse de Lorraine.	Testament.
III 498.	—	1632.Charles IV, duc de Lorr.	à Gustave-Adolphe, roi de Suède.
III 498.	—	1632. id.	et Louis XIII, roi de France. — traité de Vic.
III 500.	—	1632. id.	et Louis XIII, roi de France. — traité de Liverdun.
990. III 502.	—	1633. id.	et Louis XIII, roi de France. — traité de Nancy.

1ʳᵉ édit. 2ᵉ édit.

III 507. VII 197. 1634.Charles IV, duc de Lorr. au cardinal Nicolas-François, son frère. — cession du duché.

III 511. VII 201. 1634. id. à l'empereur. — propositions.

III 516. VII 206. 1636.Le prieur de Saint-Nicolas et autres. p. les reliques de saint Nicolas. — attestat^{on}.

— VII 217. 1638.Les Jésuites de Rome. sur le mariage du .duc Ch. IV et de Nicole. — consultation.

995.III 520. VII 209. 1641.Louis XIII et Ch. IV, duc de Lorr. Traité de Paris (avec les articles secrets).

III 523. VII 212. 1641.Charles IV, duc de Lorr. à Louis XIII, roi de France. — serment.

— VII 213. 1641. id. à Louis XIII, roi de France. — hommage pour Bar.

III 518. VII 215. 1641.La cour souver^{ne} de Lorr. contre le traité de Paris. — arrêt.

III 524. VII 214. 1641.Nicolas-François de Lorr^{ne}.contre le traité de Paris. — protestation.

1000. — VII 217. 1641.Le général des jésuites. au P. Cheminet, confesseur du duc Ch. IV.

— VII 217. 1641. id. au P. Cheminet, confesseur du duc Ch. IV.

III 525. VII 248. 1642.Urbain VIII, pape. à Charles IV, duc de Lorr. — censure de son mariage avec Béatrix de Cusance.

— VII 459. 1644.Louis XIII, roi de France et Ch. IV, duc de Lorr. Traité de Guémine.

— VII 462. 1644.Louis XIII, roi de France et Ch. IV, duc de Lorr. Traité de Guémine. — (articles secrets).

1005.III 529. VII 222. 1645.Cliquot et le maréchal de Villeroy. Capitulation de La Mothe.

III 531. VII 224. 1647.Charles IV, duc de Lorr. et la duchesse Nicole. — réconciliation.

III 559. VII 253. 1648.(donné sous 1659) traité de Munster. Extrait.

III 518. VII 209. 1652.Charles IV, duc de Lorr. p. St-Nicolas, prieuré. — reliques de saint Nicolas.

III 535. VII 229. 1653.Le tribunal de la Rote. contre le mariage du duc Charles IV avec Béatrix de Cusance. — sentence.

1010.III 541. VII 235. 1654.La cour souver^{ne} de Lorr. contre l'emprisonnem^{t} du duc Charles IV. — arrêt.

1re édit.	2e édit				
III 620.	VII 345.	1677.	Le prince d'Orange.	à Charles **V**, duc de Lorraine.	
III 620.	VII 346.	1677.	Le duc de Villa-Hermosa.	à	id.
III 621.	VII 347.	1677.	id.	à	id.
III 622.	VII 348.	1677.	Le prince d'Orange.	à	id.
1055. III 623.	VII 349.	1677.	Charles V, duc de Lorr.	à l'empereur. — combat de Schutz et de Cochersberg.	
III 624.	VII 350.	1677.	id.	au duc de Villa-Hermosa.	
III 625.	VII 352.	1677.	id.	à l'Empereur. — opérations militaires.	
III 626.	VII 353.	1679.	Traité de Nimègues.	Articles concernant la Lorraine.	
III 628.	VII 355.	1697.	Traité de Riswick.	Articles concernant la Lorraine.	
1060. —	VII 468.	1698.	Léopold, duc de Lorr.	et Elisabeth d'Orléans. — mariage.	
—	VII 473.	1735.	Préliminaires du traité de Vienne (1738).	Extrait des prélim. du 3 octobre 1735.	
—	VII 474.	1736.	id.	Convention du 11 avril 1736.	
1063. —	VII 475.	1736.	id.	Convention du 28 août 1736.	

Saint-Quentin. — Imprimerie Jules Moureau.

ERRATA

P. 15 lig. 17 abb. — Eglise   lisez : abbaye, église.
»   24 4 titres du xiiie s.   Analyse de 4 titres du xiiie s. — sans date, 1257, 1263, 1270 —
21   23 Conf.   Confirmation
»   24 Fréd. emp.   Fréd I emp. — sans date.
23   40 Comt. de Bar   Comtesse de Bar.
25   26 Monzay   Mouzay.
26   46 1030   1130.
32   41 Guillaume (?)   Guillaume (Conrad ?)
»   42 d'Épinal   d'Épinal (voy. Tabl. I Copelles).
35   29 Lorr. e   Lorr. et
38   31 p. Ferry III duc de Lorr. à Guyot de Passavant écuyer,
»   32 cession   hommage.
»   33 p. id.   à Ferry III duc de Lorr. — cession de Passavant.
40   39 Verdun, c^{té}   Verdun, cité.
»   45 Verdun, c^{té}   Verdun, cité.
51   41 Fr. de Vaudémont   Fr. de Lorraine, c^{té} de Vaudémont,

POLYBIBLION

REVUE BIBLIOGRAPHIQUE UNIVERSELLE

Le *Polybiblion, Revue bibliographique universelle*, paraît depuis 1868. Ce recueil voit chaque jour s'accroître son public, non-seulement en France, où il méritait d'être apprécié, mais dans les diverses régions de l'Europe et des autres parties du monde. La cause d'un tel succès n'est pas difficile à expliquer : le *Polybiblion* répondait à un besoin général. Il s'adresse tout à la fois aux savants, aux littérateurs, aux journalistes, aux étudiants, aux gens du monde.

Le *Polybiblion* paraît en deux parties distinctes, qui peuvent être l'objet d'abonnements séparés.

La première (*partie littéraire*) paraît par fascicules de six feuilles d'impression, et forme à elle seule deux volumes semestriels de près de sept cents pages. Elle comprend : 1° Des *articles d'ensemble* sur les différentes branches de la science et de la littérature ; 2° Des *Comptes rendus* des principaux ouvrages publiés en France et à l'étranger ; 3° Un *Bulletin* faisant connaître les ouvrages récents et de moindre importance; 4° Des *Variétés* littéraires historiques, bibliographiques ; 5° Une *Chronique* résumant tous les faits se rattachant à la spécialité du recueil; 6° Une *Correspondance* offrant des renseignements bibliographiques et circonstanciés sur tel ou tel sujet ; 7° Des *Questions et Réponses* sur des points d'histoire, de littérature, de bibliographie, etc.

La seconde (*partie technique*) contient : 1° Une *Bibliographie méthodique* des ouvrages publiés en France et à l'étranger, *avec indication de prix* ; 2° Les *Sommaires* des principales revues françaises et étrangères; 3° Les *Sommaires* des mémoires publiés par les sociétés savantes ; 4° Les *Sommaires* des articles littéraires des grands journaux de Paris. La partie *technique* forme, par mois, une livraison de deux à trois feuilles d'impression, et au bout de l'année, un volume de quatre à cinq cents pages.

Enfin, le *Polybiblion* contient un *Bulletin d'annonces* de librairie, auquel est joint, sous le titres de *Demandes et Offres,* un catalogue de livres d'occasion, utile aux amateurs qui veulent se débarrasser d'ouvrages en double ou dont ils n'ont plus besoin.

Chaque volume se termine par d'amples tables, d'une inappréciable utilité, à savoir : pour la partie littéraire, deux tables, l'une méthodique, l'autre des auteurs dont les ouvrages ont été analysés, et une table alphabétique des noms contenus dans les *Variétés*, dans la *Chronique* et dans les *Questions et Réponses;* pour la partie technique, une table alphabétique des noms d'auteurs, une table des ouvrages anonymes, enfin une table des revues rangées par contrées.

L'abonnement se prend pour un an, à partir du 1ᵉʳ janvier.

LES PRIX D'ABONNEMENT SONT AINSI FIXÉS :

Partie littéraire	15 fr.
Partie technique.	10 »
Les deux parties réunies.	20 »
Collection : Années 1868 à 1877, 21 volumes, brochés . .	157 »

Saint-Quentin. — Typ. J. MOUREAU.

www.ingramcontent.com/pod-product-compliance
Lightning Source LLC
Chambersburg PA
CBHW072016290326
41934CB00009BA/2099